공부가 되는
사회
3

〈공부가 되는〉 시리즈 ㊼

공부가 되는
사회 3 사회와 문화

초판 1쇄 발행 2015년 2월 9일
초판 2쇄 발행 2017년 10월 27일

지은이 조한서

책임편집 김설아
책임디자인 유영준

펴낸이 이상순
주　간 서인찬
편집장 박윤주
기획편집 한나비, 김한솔
디자인 이민정
마케팅 홍보 이상광, 이병구, 오은애
펴낸곳 (주)도서출판 아름다운사람들
주소 (10881) 경기도 파주시 회동길 103
대표전화 (031)955-1001 **팩스** (031)955-1083
이메일 books777@naver.com
홈페이지 www.books114.net

ⓒ2015 조한서
ISBN 978-89-6513-348-3　74300
ISBN 978-89-6513-345-2　74300 (세트)

◎ 파본은 구입하신 서점에서 교환해 드립니다.
　이 책은 저작권법에 의하여 보호를 받는 저작물이므로 무단 전재와 복제를 금합니다.
　KC마크는 이 제품이 공통안전기준에 적합하였음을 의미합니다.

공부가 되는 사회

3

사회와 문화

지음 조한서

아름다운사람들

공부가 되는
사회 3 사회와 문화

아이들이 《공부가 되는 사회》를 읽으면 좋은 이유 … 6

1. 모여 사는 것이 좋아 … 8

수수께끼의 소년, 카스파어 하우저 10
사회가 나를 만들어 20 | 사람이 사는 모여 사는 곳, 사회 27
사회적 지위와 역할 32 | 내가 사회의 주인 37

2. 문화는 얼굴이 여러 개야 … 40

문화가 뭐지? 42 | 다른 것도 있고 같은 것도 있고 46
문화는 늘 변하고 있어 52 | 다른 문화 이해하기 55
세계화 시대의 문화 60 | 대중문화 이해하기 64

3. 바람 잘 날 없는 사회 문제 ... 68

사회 문제가 뭐지? 70 | 적어도 걱정, 많아도 걱정인 인구 73
즐겁게 일할 수 있어야 하는데 79 | 지구가 망가지고 있어 84
국경 없는 환경 오염 문제 90 | 우리 환경 스스로 지키기 95

4. 어떤 미래를 가지고 싶지? ... 100

사회는 계속 변해 왔어 102 | 정보화의 두 얼굴 106
한국 사회의 변화 111 | 인류가 함께 사는 길 118

아이들이
《공부가 되는 사회》를
읽으면 좋은 이유

1 우리 사회가 어떻게 돌아가는지
사회 전체의 흐름을 알 수 있습니다

민주주의란 무엇일까요? 좋은 정치란 무엇일까요? 대통령은 무슨 일을 할까요? 시장은 어떻게 생겨났으며, 물가는 왜 오르락내리락할까요? 우리나라는 얼마나 잘사는 나라일까요? 경제가 성장하면 무엇이 좋아질까요? 우리가 행복해지려면 사회의 어떤 도움이 필요할까요? 행복한 사회가 되기 위해서 우리는 어떤 역할을 해야 할까요?

신문이나 텔레비전에 나오는 뉴스, 우리 일상에서 자주 듣지만 실제로는 제대로 알지 못하는 이야기입니다. 《공부가 되는 사회》는 이처럼 어려운 정치·경제·사회 전반을 이해하고 흐름을 알 수 있도록 만들었습니다. 거대하고 복잡한 우리 사회가 정치적·경제적·사회적·문화적 영역에서 어떤 흐름으로 움직이는지, 또 사회가 제대로 작동하기 위하여 정치와 법 그리고 공동체가 어떤 기능과 역할을 수행하고 있는지, 이러한 사회적 제도는 우리에게 어떤 영향을 미치고 있으며 우리는 어떻게 참여하고 있는지, 우리 사회 전체의 큰 흐름을 이해할 수 있도록 구성하였습니다.

2 사회를 알아야 사회의 훌륭한 주인이 될 수 있습니다

플라톤은 '민주주의는 다수결의 원칙을 따르기 때문에, 다수의 사람들이 잘못된 선택을 하더라도 막을 수 없는 것이 가장 큰 단점이다.'라고 한 바 있습니다. 그렇기 때문에 민주주의에서 무엇보다 중요한 것은 사회 구성원의 똑똑한 시민 의식이라는 말도 더하였습니다.

행복한 사회를 만들어 가기 위해서는 먼저 사회를 구성하는 시민들이 올바른 판단을 내릴 수 있는 능력이 있어야 합니다. 그런 다음 사회 참여를 통해 실현하는 것이 중요합니다. 그러려면 정치·경제·사회·문화에 대한 기초 지식과 교양이 필요합니다. 《공부가 되는 사회》는 우리 사회의 훌륭한 주인이 될 수 있는 기초 교양을 제공해 주며, 훌륭한 시민으로 성장할 수 있는 밑거름이 되어 줍니다.

3 어려운 사회 개념을 쉽게 이해할 수 있습니다

입법부, 행정부, 사법부는 어떤 기능을 하고 어떤 원리로 작동될까요? 대통령제와 의원 내각제는 어떻게 다르며, 우리나라는 왜 대통령제를 채택했을까요? 지방 자치 제도는 무엇이고, 복지는 무엇일까요? 환율과 국제 수지, 분배와 성장, 재화와 서비스, 희소성은 무엇일까요?

《공부가 되는 사회》는 사회 교과서에 등장하는 어려운 사회 개념을 암기가 아니라 사회 전반의 흐름과 배경지식을 통해 깨우치도록 구성해, 쉽게 이해할 수 있고 일상생활에서 활용할 수 있도록 똑똑하게 알려 줍니다.

4 공부의 즐거움을 깨치는 〈공부가 되는〉 시리즈

〈공부가 되는〉 시리즈는 공부라면 지겹게만 여기는 우리 아이들에게 '아, 공부가 이렇게 즐거운 것이구나!' 하는 것을 깨우쳐 줍니다. 아울러 궁금한 것이 많은 우리 아이들의 지적 호기심도 해결해 주는 시리즈입니다. 공부의 맛과 재미는 탄탄한 기초 교양의 주춧돌 위에 세울 때 그 효과가 배가됩니다. 그리고 이 기초 교양은 우리 아이들이 학습에서 자기 주도적 능력을 발휘하는 데 큰 밑거름이 됩니다. 《공부가 되는 사회》는 우리 사회의 흐름을 알고 이해하는 과정을 통해, 사회를 통찰하는 깊이 있는 안목과 사회에 대한 판단력과 사고력을 키워 훌륭한 사회인으로 성장할 수 있도록 만들었습니다.

1
모여 사는 것이 좋아

〈정글 북〉의 주인공 모글리는 정글에서 자라난 소년이야. 부모님이 아닌 늑대가 키워 줬지. 그러다 보니 모글리는 늑대처럼 성장했어. 〈정글 북〉 이야기는 '사람은 사회 속에서 다른 사람과 더불어 살아갈 때 사람다운 모습을 지니게 된다.'는 사실을 알려 준단다. 이러한 과정을 '사회화'라고 불러. 우리는 사회화를 통해 '새로운 나'로 다시 태어나는 거야.

수수께끼의 소년, 카스파어 하우저

'카스파어 하우저'라는 이름을 들어 본 적 있니?

수수께끼의 소년 카스파어 하우저가 처음 발견된 때는 1828년 5월의 어느 월요일 밤이었어. 독일의 유서 깊은 도시 뉘른베르크 거리에 어둠이 깔리고 있을 무렵이었지.

게오르크 바이크만은 구둣방 주인이었어. 그날따라 손님이 없기에 일찍 가게 문을 닫고 거리로 나섰지. 한가롭게 거리를 걷던 바이크만은 뉘른베르크 시의 성문 부근에서 한 소년을 발견했어. 병든 고양이처럼 신음하고 있는 소년은 체구도 무척 자그마했지.

소년은 낡은 장화를 신고 누더기 승마복을 입고 있었어. 그리고 한 손은 머리를 받치고 다른 한 손은 축 늘어뜨린 채 앉아 있었는데, 마치 기계인형 같았단다.

소년의 모습이 어찌나 기이하던지, 바이크만은 저도 모르게 다가가 말을 걸었어. 하지만 소년은 입만 우물거릴 뿐 아무런 대꾸도 못 했어. 그러더니 손에 들고 있던 편지 한 통을 내밀었지.

편지의 수취인은 뉘른베르크 기병 연대의 제4대대 대대장 베세니히 대령이었어. 바이크만은 가까운 경비 초소로 소년을 데려다 주었지. 초소의 군인은 소년에게 이것저것 물었지만 여전히 제대로 답변하지 못했어. 하는 수 없이 소년을 대령의 집으로 데려갔어.

대령은 마침 집에 없었어. 대신 그 집 하녀가 소년에게 음식을 가져다주었어. 소년은 배가 몹시 고팠던 것인지 빵에 버터도 바르지 않고 게걸스럽게 먹어 댔어. 그러고는 맹물을 마셨어. 옆에 고기와 계란, 과일, 커피 등이 있었으나 그쪽으로는 눈길도 주지 않았단다. 배를 채운 소년은 마구간의 밀짚 속으로 들어가 곧 깊은 잠에 빠졌어.

얼마 후 집에 돌아 온 대령은 낯선 소년을 이상하게 생각했어. 그리고 그가 가져온 편지를 뜯어보았지.

귀하께 육군을 지망하는 젊은이를 보냅니다.

본인은 1812년 10월 7일, 이 소년을 그의 어머니에게 인도 받아 길러 왔습니다. 소년의 어머니가 가둬서 길러 달라고 부탁했으므로 본인은 그를 일체 집 밖으로 외출시킨 일이 없습니다. 그러나 읽고 쓰는 것은 조금 가르쳤습니다.

녀석은 1812년 4월 30일 생으로 세례를 받았고, 이름은 카스파어입니다. 아버지는 기병대 군인이었으며, 카스파어의 어머니는 녀석이 17세가 되면 뉘른베르크의 제6기병 연대로 보내 달라고 부탁했습니다. 그의 아버지가 근무하던 연대라고 합니다.

그의 아버지는 이미 세상을 떴습니다.

아이의 장래를 잘 부탁드립니다.

편지는 대강 이런 내용이었어.

대령은 괴상한 편지 내용에 어리둥절해졌지. 그래서 소년을 깨우고 이것저것 물어보았어.

하지만 소년은 대령의 궁금증을 풀어 줄 만한 대답은 아무것도 하지 않았어. 그저 묻는 말에 모두 "몰라요."만 되풀이했지. 그것이 알고 있는 유일한 말인 것처럼.

대령은 소년을 경찰서에 데려다 주었어. 경찰은 소년을 부랑

아로 취급하고 독방에 가뒀어. 소년은 독방에 갇힌 것을 조금도 불만스러워하지 않았어. 그냥 몇 시간이고 벽만 바라보고 앉아 있었지.

  게다가 시간 감각이나 낮과 밤의 개념도 없는 듯했어. 겨우 입을 열고 한다는 이야기는 "아버지처럼 기병대 군인이 되고 싶다."는 것뿐이었고. 마치 앵무새처럼 그렇게 말하라고 교육을 받은 듯했지. 또 모든 동물을 '말'이라고 불렀고, 인형을 주자 리본을 달아 주며 재미있게 놀았어. 식사할 때는 인형에게 밥을 먹이는 시늉도 했지.

뉘른베르크의 옛 시가지

매우 흥미로운 점은 소년의 감각 기관이 놀라우리만치 발달했다는 사실이었어. 커피나 맥주가 부근에 있으면 구역질을 했고, 고기가 눈에 띄거나 냄새만 나도 구역질을 했지. 포도주 냄새에는 취한 듯 비틀거렸고, 빵과 물 외에는 어떤 음식도 먹으려 하지 않았어.

걸음걸이도 기묘했어. 무릎을 곧게 펴지 못하고 허리를 구부린 채, 걸음마를 배우는 어린애처럼 비틀거리며 걸었지. 그러나 어두운 곳에서는 고양이처럼 잘 볼 수 있었고, 아주 작은 소리도 쉽게 알아들었지.

소년은 서툰 글씨로 '카스파어 하우저'라는 자기 이름을 쓸 수 있었지만, 정신 연령은 줄잡아 서너 살밖에 되어 보이지 않았어. 남자와 여자를 제대로 구별하지 못해 모두 '사나이'라고 불렀고, 불이 붙은 초에 손을 가져다 대다가 뜨거워서 비명을 지르기도 했어. 또 폭풍우나 천둥소리에는 동물처럼 놀라며 두려워했지. 그뿐 아니라 손을 제대로 사용할 줄도 몰랐어.

카스파어 하우저의 불행한 과거는 경찰의 노력으로 조금씩 윤곽을 드러내기 시작했어. 소년은 어린 시절부터 어둡고 비좁은 토굴에 감금되어 성장한 모양이었어. 토굴은 너무 비좁아 제대로 일어서서 걸어 다닐 수조차 없었고, 빛과 소리도 전혀 스

머들지 않았지.

 다만 출입문에 조그만 구멍이 하나 뚫려 있어서, 누군가 그곳으로 물과 음식을 넣어 주곤 했다고 해. 하지만 항상 복면을 쓰고 있어서 얼굴을 볼 수 없었지. 때때로 그 사내는 내복을 갈아입혀 주고 손발도 씻겨 주었다고 해. 그런데 이때 역시 복면을 했고, 입을 여는 법이 없어서 목소리조차 들은 적이 없다는 거야. 토굴에는 작은 목마 한 쌍이 있었는데, 이 목마를 가지고 노는 게 소년의 유일한 소일거리였지.

 그러던 어느 날, 복면의 사내가 토굴에서 카스파어 하우저를 끌어냈어. 그리고 평소처럼 얼굴을 가린 채 낯선 곳으로 데리고 오더니, 손에 편지 한 통을 쥐어 주고는 사라져 버렸어. 카스파어 하우저는 낯선 경험에 당황하여 어쩔 줄 모르며 거리를 배회하다가 구둣방 주인 바이크만에게 발견된 거야.

 카스파어 하우저의 이야기는 세상에 널리 알려졌어. 신문은 매일같이 소년의 이상한 행동에 대한 기사를 크게 실었지. 죄 없는 소년을 짐승처럼 토굴 속에 가둬 기른 범법자를 찾아내서 재판정에 세워야 한다는 여론도 들끓었어.

 경찰은 이 괴상한 사건을 본격적으로 수사하기 시작했어. 소년의 신원을 밝히기 위해 많은 전단을 뿌리고, 그가 감금되어

지냈던 곳을 찾아내기 위해 대대적인 수색을 벌였지. 그러나 경찰의 크나큰 노력에도 불구하고 사건의 단서는 전혀 잡히지 않았어.

카스파어 하우저의 이야기는 독일뿐 아니라 전 유럽과 바다 건너 미국에도 알려져 큰 화제가 되었지. 하지만 사람들의 들끓던 관심도 시간이 지나면서 차츰 잠잠해졌어.

뉘른베르크 시는 뉘른베르크를 세계적으로 유명하게 만든 이 소년의 양육 비용을 시에서 부담하기로 결정했어. 그리고 소년의 양육은 고등학교 교사이며 특수 아동 지도 전문가인 프리드리히 다우머 박사가 책임지게 되었지.

카스파어 하우저는 다우머 박사의 집에서 한동안 비교적 평온한 나날을 보냈어. 박사는 그가 새로운 생활에 적응할 수 있도록 도와주고 가르쳤지. 어린애가 걸음마를 배우는 것처럼 말하는 법을 새로 가르쳤고, 읽고 쓰는 법도 가르쳤으며, 생활 예절도 익히게 했어.

카스파어 하우저는 다우머 박사의

뉘른베르크의 옛 시청

노력으로 차츰 일상생활에 익숙해져 갔어. 뿐만 아니라 배우는 데에도 많은 열성을 보였단다. 소년은 잠도 짧게 잤고, 손에는 항상 책을 들고 다녔으며, 학습의 진보도 놀랄 만큼 빨랐지. 소년의 두뇌는 보통 사람보다 월등했어.

1년 반쯤 세월이 흐르자 카스파어 하우저는 이미 또래 소년의 대부분과 다름없는 지식과 교양을 갖추게 되었어. 또 주변 환경에 적응하지 못하며 두려워하던 것도 극복했고, 이웃 사람들과 서로 잘 사귀게 되었지. 꽃처럼 아름다운 것을 보면 기쁨을 느낄 줄 아는 소박한 감수성도 나타냈어.

그러나 평온을 깨뜨리는 불행한 사건이 일어났어.

1829년 10월 7일, 카스파어는 다우머 박사의 집 지하실에서 피를 흘리며 쓰러진 채 발견됐지. 그의 이마에는 상처가 있었고, 셔츠는 찢겨 있었어. 비단 가면으로 얼굴을 가린 사내가 갑자기 나타나더니, 카스파어 하우저를 구타하고 면도칼로 이마에 상처를 냈다는 거야.

경찰이 곧바로 수사에 착수했지만, 끝끝내 범인을 찾아낼 수 없었단다.

다행히 큰 상처가 아니라서 곧 치유되었어. 하지만 카스파어 하우저는 또다시 이전처럼 사소한 일에도 두려워하기 시작했어. 다우머 박사의 집 밖으로는 한 걸음도 나가려 하지 않았고. 하우저는 생명의 위협을 받고 있다는 여론에 따라 새로운 장소로 옮겨 가 생활하게 되었지. 또 경호 경관 두 명이 배치되어 그를 보호하게 되었단다.

그러나 이러한 노력도 카스파어 하우저를 안전하게 보호해 주지는 못했어.

사건이 발생한 지 4년 남짓 세월이 흐른 1833년 12월 14일이었어. 온 세상에 눈이 내려 은세계를 이룬 아름다운 날이었지. 그날 오후, 카스파어 하우저는 왼손으로 가슴을 누른 채 피를 흘리며 평소 알고 지내던 목사의 집에 나타났어. 그리고 목사에게 "근처 공원에서 수상한 사내에게 당했어요."라는 말을 남기고 정신을 잃었지. 카스파어 하우저는 이틀 후에 세상을 뜨고 말았어. 상처가 너무 깊었고 출혈도 심했기 때문이야.

경찰은 이 괴상한 사건을 해결하기 위해 많은 노력을 쏟아부었지만, 범인은 끝내 체포되지 않았어. 그리고 카스파어 하우저의 출생과 죽음은 지금도 여전히 풀리지 않는 수수께끼로 남아 있단다.

카스파어 하우저의 생애에 대해 떠도는 이야기 중에는 흥미로운 것이 여럿 있어.

그는 다른 별나라에서 온 지적 생물일 것이라든가, 시간의 일그러진 틈에 잘못 끼어들어 튀어나온 소년이라는 주장이었지. 또 지방 왕국의 왕위 계승자였지만 왕위 계승을 둘러싼 음모에 휘말려 어릴 때부터 세상과 격리되어 성장했고, 결국 그 때문에 희생되었다는 이야기도 있었어.

그의 생애와 관련하여 떠돌았던 여러 이야기는 하우저의 생애가 그만큼 수수께끼에 싸여 있다는 사실을 말해 주는 것이라고 할 수 있어.

그의 묘비에는 '낯선 자에게 살해된 낯선 자, 이곳에 잠들다.'라고 새겨 있다고 해. 수수께끼에 싸인 카스파어 하우저의 생애를 잘 나타낸 묘비명이라고 생각되지 않니?

카스파어 하우저처럼 세상에서 격리되어 성장한 아이를 '고립아(사람들 사이에서 자라지 못하고 외톨이로 성장한 아이)'라고 해. 고립아는 환경이 사람에게 미치는 영향이라든가, 사회가 어떻게 사람을 사람답도록 자라게 하는지 연구하는 데 좋은 참고 자료가 되고 있어.

사회가 나를 만들어

〈정글 북〉이라는 소설 읽어 봤니? 밀림 속에서 늑대와 함께 자란 소년 '모글리'가 겪는 이야기를 재미있게 쓴 소설이지.

인간 세상과 떨어져 자란 모글리는 이 소설 속에서 동물과 다를 바 없는 모습을 보여 주고 있어. 모글리의 이야기는 '사람은 사회라는 울타리 속에서 다른 사람과 더불어 살면서 자라야 사람다운 모습을 지니게 된다.'는 사실을 알려 준단다.

모글리는 소설 속의 주인공이지만, 실제로 어린 시절부터 세상과 떨어져 성장한 인물에 있어. 앞에서 이야기한 카스파어 하우저나, 늑대에게 양육되었다는 카말라와 아말라 자매, 아베롱의 야생 소년 등이 그런 경우지.

카말라와 아말라는 인도 동부의 정글 지대에 있는 늑대 동굴에서 발견된 자매였어. 이들은 네발로 기어 다니고, 늑대처럼 울부짖었으며, 생고기를 뜯어 먹었지.

아베롱의 야생 소년

1799년 7월의 어느 날, 프랑스 남부 지방에 있는 아베롱에서 한 소년이 발견되었어. 열두 살가량의 이 소년은 발견 당시 벌거숭이였지. 그렇지만 조금도 부끄러워하지 않았고, 온몸은 상처투성이였다고 해. 뒷날 '아베롱의 야생아'라고 불리게 된 소년이야. 이타르라는 젊은 의사가 소년을 데려다 기르고 '빅터'라는 이름을 지어 주었어. 빅터는 얼굴에 아무 표정이 없었던 데다 말도 할 줄 몰랐어. 향기로운 냄새나 악취에는 반응이 없었고, 다만 호두 같은 식물에는 민감하게 반응했지. 빅터는 야생에서 나무뿌리나 도토리 같은 것을 주로 먹고 살았다고 해.
뿐만 아니라 먹을 것이 높은 곳에 있어도 의자를 가져다 놓고 꺼내 먹을 줄 몰랐어. 그저 사람의 눈길을 피해 도망치려는 생각만 했지. 야생에서 자란 빅터는 사람이 사람답게 사는 데 필요한 능력이 발달하지 못했고, 자연 속에서 혼자 살아가는 데 필요한 능력만 발달해 있었던 거야.

아베롱의 야생 소년은 프랑스 남부 지방에 있는 마을의 숲 속에서 발견되었어. 소년은 앉아서 오줌을 누고, 서서 대변을 보았지. 온몸은 상처투성이였고. 또 도토리와 나무뿌리를 먹고 살았어. 때로는 짐승처럼 기어 다니기도 했고, 행동 또한 짐승처럼 재빨랐어.

카말라와 아말라 자매나 아베롱의 야생 소년은 모두 사람이 분명했지. 그러나 사람이 모여 사는 세상과 떨어져 자란 탓에 이들이 성장한 환경에서 익힌 행동을 그대로 보여 주었던 거야. 바꿔 말하면 '사람의 행동은 태어날 때부터 지닌 것이 아니라, 자라면서 주변의 영향을 받아 형성된다.'는 이야기야.

인간이 태어나서 앞으로 사회생활을 하는 데 필요한 지식이나 행동, 가치관 등을 배워 나가는 과정을 '사회화'라고 해. 또 사회화를 통해 자신에게 감춰진 능력을 발견해서 키우고, 남과 다른 자신만의 독특한 개성을 만들어 가기도 하지.

'나'는 사회화를 통해 '새로운 나'로 다시 태어나는 거야. 카스파어 하우저나 카말라와 아말라 자매, 아베롱의 야생 소년은 이 '사회화 과정'을 거치지 못했기 때문에 이상한 행동을 보였던 것이고.

사회화는 새로운 나를 탄생시키는 데 중요한 역할을 하기 때

카말라와 아말라

조지프 싱은 인도 동북부의 벵골에서 선교 활동을 펼치는 미국인 목사였어. 그가 있던 곳은 콜카타 근처의 메디니푸르 지방이었지.

1920년 10월 17일, 정글 지대에 있는 늑대 동굴에서 어린 여자아이 두 명이 발견됐어. 두 여자아이는 몸에 실오라기 하나 걸치지 않은 알몸 그대로였고, 팔과 다리로 늑대처럼 기어 다녔어. 또 싱 목사 일행을 향해 으르렁거렸지.

싱 목사는 이들을 메디니푸르로 데려와 아내와 함께 정성스럽게 보살피기 시작했어. 그리고 큰 아이에게 '카말라', 작은 아이에게는 '아말라'라는 이름을 지어 주었지. 카말라는 여덟 살, 아말라는 두 살쯤 돼 보였어.

두 아이는 사람 세상으로 나온 후에도 처음에는 일어서지 못하고 두 손과 두 발로 기어 다녔어. 음식도 손으로 집어 먹지 않고 혀로 핥아 먹었지. 또 생고기를 그대로 뜯어 먹었어. 그리고 한동안은 밤중에 허공을 향해 하루 세 번씩 울부짖었다고 해.

싱 목사 부부는 이들이 사람답게 살아갈 수 있도록 열심히 가르치고 보살폈어. 하지만 이듬해에 아말라가 병으로 죽고 말았지. 동생이 죽자, 언니 카말라는 엿새 동안 아무것도 먹지 않으면서 울부짖었다고 해.

카말라는 9년을 더 살았어. 그동안 카말라는 서서 걸을 수 있게 되었고, 단어도 서른 개 정도를 말하게 되었다고 해. 또 생고기를 뜯어 먹던 소녀였지만, 익힌 음식을 좋아하게 되었고.

카말라와 아말라 자매는 사회화 과정을 거치지 못했기 때문에 성장한 환경의 영향을 받아 늑대처럼 행동되었고, 사람 세상에 나온 후에도 사회화 과정에 제대로 적응하지 못하며 짧은 생애를 마치게 되었던 거란다.

문에, 어떤 사회에서 성장하느냐에 따라 그 사람의 특성이 크게 달라진단다. 미국 사람, 프랑스 사람, 에티오피아 사람, 중국 사람의 특성이 각각 다른 것은 성장한 사회적 배경, 곧 사회화 과정이 다르기 때문이야.

사회화 과정, 즉 사회가 어떻게 새로운 나를 만드는지 좀 더 알아보도록 할까?

아기가 태어나면 집에서 걸음마를 익히고, 엄마 아빠에게 말을 배우지. 또 기본적인 생활 방법도 익히면서 성장을 해. 이와 같은 사회화는 모두 가정에서 이루어지는 일이야.

그 후 학교에 입학하면 초·중·고등학교를 거치는 동안 여러 지식을 배우고, 각종 기능도 체계적으로 익혀. 그리고 또래 집단이나 텔레비전, 인터넷 같은 매체를 통해 살아가는 데 필요한 정보도 얻게 되지.

TIP

대중 매체가 뭐지?

신문, 잡지, 라디오, 텔레비전, 영화, 인터넷 등과 같이 많은 정보와 생각을 한꺼번에 많은 사람에게 전달할 수 있는 수단을 말해.

이처럼 개인의 사회화에 영향을 끼치는 가정, 학교, 또래 집단, 대중 매체 등을 '사회화 기관'이라고 해.

사회화 기관에는 '1차적 사회화 기관'과 '2차적 사회화 기관'이 있어.

1차적 사회화 기관은 가정이나 또래 집단처럼 자연적으로 형성된 기관이야. 한 사람의 일생에 걸쳐 그 사람의 삶에 영향을 미치지. 특히 어린 시절의 사회화 과정은 기초적인 사회 행동을 익히는 데 큰 역할을 해.

2차적 사회화 기관은 학교, 직장, 대중 매체 등을 꼽을 수 있어. 일정한 목적을 위해 인위적으로 만든 기관이지. 오늘날 우리가 살아가는 현대 사회는 엄청나게 빠른 속도로 변하고 있어. 2차적 사회화 기관은 이러한 변화에 적응하는 능력을 기르는 데 매우 중요한 역할을 하고 있지. 그리고 이 중요성은 점점 커지고 있단다.

이처럼 사회는 사회화 과정을 통해 새로운 나를 만들어 준단다. 우리가 사회라는 울타리 속에서 살아가는 동안, 사회는 알게 모르게 새로운 나를 만들어 주고 있다는 말이야.

그럼 1차적·2차적 사회화 기관을 거치는 것으로 사회화는 끝나는 것일까?

그렇지 않아. 세상은 빠르게 변하고 있거든. 이러한 사회 변화에 따른 새로운 지식과 생활 방식 등을 익히기 위해서는 계속된 사회화로써 새로운 나를 만들어 갈 필요가 있어. 어른이 된 후의 이와 같은 사회화 과정을 '재사회화'라고 해.

직장에서 요구하는 새로운 기술이나 기능을 익히고자 공부하는 것, 정보 사회에 적응하기 위해 새로운 정보 통신 기술(IT)을 익히는 것 등이 대표적인 재사회화라고 할 수 있을 거야. 빠르게 변하고 있는 현대 사회의 특성 때문에, 그에 걸맞은 새로운 지식과 규범 또는 기능 등을 익히기 위한 재사회화의 중요성은 더욱 커지고 있어.

'평생 교육'이란 말, 들어 봤지? 평생 교육도 바로 재사회화의 하나라고 할 수 있어.

이처럼 사회는 사람이 태어나서 세상을 뜰 때까지 사회화라는 과정을 통해, 나 자신을 끊임없이 새로운 나로 만들어 주고 있어.

사람이 모여 사는 곳, 사회

 '독불장군'이라는 말, 알고 있지? 혼자서는 장군을 못 한다는 뜻이야. 장군 노릇을 제대로 하려면 부하가 있어야 되지 않겠니?

 또 독불장군은 다른 사람의 의견을 무시하고 혼자 멋대로 구는 사람이나, 다른 사람들로부터 따돌림을 당해 외톨이가 된 사람을 일컫기도 해.

 어느 뜻으로 쓰이는 독불장군이라는 말에는 '혼자서 모든 일을 다 잘할 수는 없으므로, 다른 사람과 협력하며 살아가야 한다.'는 뜻이 담겨 있지. 바꿔 말하면 누구든 이 세상에서 혼자 살아가는 것이 아니라, 다른 사람과 더불어 살아가고 있다는 뜻이란다.

그래, 세상은 여러 사람이 함께 살아가고 있는 곳이야. 이처럼 여러 사람이 모여 더불어 사는 곳을 사회라고 해.

사람은 저마다 생김새가 다르듯 생각도 다르지. 생각이 다른 사람이 모여 살다 보면, 의견이 엇갈리고 이런저런 다툼이 일어나기도 해. 그런데 사람은 왜 모여 사는 것일까? 독불장군처럼 혼자 멋대로 하면서 살면 더 좋을 텐데?

원시인을 복원한 모습

인류의 조상인 원시인은 처음에는 모여 살지 않았어. 사회를 이루고 살지 않았다는 뜻이야. 혼자 떠돌아다니며 나무 열매를 따 먹고, 짐승도 잡아먹으며 살았지.

사람이 모여 살게 된 것은 혼자서 할 수 없는 일을 여럿이 함께하면 쉽게 할 수 있다는 사실을 알게 됐기 때문이야. 여럿이 함께하니 혼자서 열매를 따 먹고 짐승을 잡을 때보다 더 많은 먹을거리를 얻을 수 있었지. 또 맹수의 공격 같은 위험을 막는 데에도 모여 사는 것이 도움 되었고. 외톨이로 사는 것보다 여럿이 모여 사는 편이 더 안전하고, 이

익도 많았다는 이야기야.

그 후 농사를 지을 줄 알게 되면서, 사람들은 여럿이 한곳에 모여 농사를 지으며 살게 되었어. 이런 과정에서 탄생한 것이 '씨족 사회'야. 핏줄을 나눈 사람끼리 먼저 모여 살기 시작한 거였지.

씨족 사회는 '부족 사회'로 발전했고, 부족 사회가 모여 '국가'라는 사회를 이뤘어. 또 국가와 국가가 모여 '국제 사회'를 이뤘고. 마침내 교통과 통신 수단의 발달로 '지구가 하나의 마을처럼 됐다.'는 뜻의 '지구촌'이라는 말이 등장하면서, 지구촌도 하나의 사회가 되었단다.

그러나 사회란 국가나 국제 사회, 지구촌처럼 커다란 집단만을 뜻하는 말은 아냐. 아주 작은 집단 그러니까 두 사람 이상이 일정한 목적 아래 모여서 계속적으로 활동하면, 이것도 사회라고 해.

가령 책 읽기를 좋아하는 두 사람이 주말마다 모여 함께 책을 읽고 독서 토론도 한다면, 이것도 작은 사회가 되는 거야. 또 가속이나 학교, 회사 등도 모두 사회지. 내가 사는 고장은 지역 사회가 되고. 이처럼 두 사람 이상이 모여 이루어진 사회를 '사회 집단'이라고 해.

 그럼 버스 정류장에 두 사람 이상이 모여 버스를 기다리고 있다면, 이것도 사회 집단이라고 할 수 있을까? 두 사람 이상이 모여 있고, 버스를 기다린다는 같은 목적이 있으니까 말이야.

 이 같은 사람들은 사회 집단이라고 하지 않아. 사회 집단이 되려면 두 사람 이상이 같은 목적을 가지고 모였을 뿐 아니라, 같은 사회에 소속되어 있다는 생각을 가지고 계속 함께 활동해야 돼.

 그렇지만 버스를 기다리는 사람들은 각자 원하는 버스를 타고 목적지에서 내려 뿔뿔이 헤어지게 되지. 같은 사회를 구성하고 있다는 생각도 없고, 계속해서 같이 활동하지도 않는다는 이야기야.

사람은 일생 동안 여러 사회 집단에 소속되어 살아가고 있어. 또 소속되어 있던 사회 집단을 떠나 새로운 사회 집단으로 들어가기도 하지.

이 세상에 태어난 사람은 우선 가족이라는 사회 집단의 구성원이 돼. 그리고 학교에 들어가면 가족 사회의 구성원이면서, 학교라는 또 다른 사회의 구성원이 되지. 그 후 커 가면서 점점 더 많은 사회 집단의 구성원으로 활동하게 되는 거야.

직장을 옮긴다면 전에 일하던 회사 사회의 구성원에서 새로 근무하는 회사 사회의 구성원으로 바뀌지. 이민을 가서 국적을 바꾼다면 소속된 국가 사회가 달라지고.

사람은 사회를 떠나서 살아가기 힘든 존재야. 혼자 살아가는 것이 얼마나 어려운지는 무인도에 홀로 떨어진 로빈슨 크루소의 이야기가 잘 보여 주고 있어. 그래서 고대 그리스의 철학자 아리스토텔레스는 '인간은 사회적 동물'이라는 유명한 말로써, 사람이 사회를 이루며 살아가는 존재라는 사실을 깨우쳐 줬어.

아리스토텔레스

사회적 지위와 역할

'인간은 사회적 동물'이라는 말은 '사람은 누구나 사회를 이루고 살아가면서 사회의 구성원으로서 나름의 역할을 하고 있다.'는 이야기야.

먼저 사람은 '가족'이라는 사회 구성원으로서의 역할이 있지. 아들, 딸, 어머니, 아버지, 남편, 아내로서의 역할 같은 것 말이야. 또 학교에 들어가면 '학교'라는 사회 속에서 학생은 학생이라는, 선생님은 선생님이라는 역할이 있어. 어른이 돼서 직업을 가지면 '직장'이라는 사회의 구성원으로서 역할이 있고. 이처럼 사회 속에서 개인이 차지하는 위치를 '사회적 지위'라고 해.

　사회적 지위는 하나가 아니고 여럿이야. 학교에 다닌다고 해서 학생으로서의 지위만 있는 것이 아니고, 집에서는 아들이나 딸로서의 지위, 또래 사이에서는 또래 친구로서의 지위가 있거든. 그리고 어른이 되어 사회 활동을 하게 되면 어떤 일을 하느냐에 따라 사회적 지위는 더 많아지고.

　사회적 지위는 크게 두 종류로 나누어 생각할 수 있어. 먼저 남자와 여자 또는 가정에서 아들이나 딸로서의 지위처럼, 태어나면서부터 자연적으로 가지게 되는 지위가 있어. 이런 지위를 '귀속 지위'라고 해.

또 하나는 '성취 지위'야. 간호사, 의사, 선생님, 연예인처럼 개인의 의지와 노력으로 얻는 지위를 말해. 과거의 신분 사회에서는 양반, 평민, 천민 등 태어나면서부터 성취 지위가 정해져 있었어. 그래서 개인이 아무리 노력한다고 해도 정해져 있는 귀속 지위의 굴레를 벗어나기 힘들었지.

하지만 시대가 바뀌면서 개인의 의지와 노력으로 얼마든지 자신이 원하는 것을 이룰 수 있는 세상이 되었어. 그래서 현대 사회에서는 귀속 지위보다 성취 지위를 더 중요하게 여기고 있지.

한편 모든 지위에는 각각의 지위에 따라 일반적으로 기대하는 행동 양식이 있어. 이것을 '역할'이라고 해. 부모라는 지위에는 자녀를 기르고 가르쳐야 하는 역할이 따르고, 학생이라는 지위에는 공부를 해야 한다는 역할이 따르지. 교사라는 지위에는 학생을 가르치는 역할이 따르고, 군인이라는 지위에는 적의 침입으로부터 나라를 지키는 역할이 따르는 것처럼 말이야.

이처럼 지위와 역할은 동전의 앞뒤 면과 같다고 할 수 있어. 사회 집단의 구성원이 그 집단의 기대에 걸맞은 역할을 잘 해내면 보상을 받고, 그러지 못한다면 제재를 받지.

수많은 목숨을 앗아 간 '세월호 사건'을 알고 있지? 이 배의 선장과 선원들이 비난을 받는 이유는 지위에 따른 역할을 제대로 못 했기 때문이야.

배의 선장이나 선원은 배가 침몰할 때 승객들이 안전하게 대피하게끔 최선을 다해야 돼. 이것이 그들의 지위에 걸맞은 역할이지. 그러나 세월호의 선장과 선원들은 침몰하는 배에 승객을 내팽개쳐 두고 자기들만 먼저 탈출했어. 곧 지위에 따른 역할을 제대로 못 했기 때문에 비난받고 있는 거야. 그리고 이들의 잘못된 행동에 대한 제재로써 재판을 받는 것이고.

앞에서 사회적 지위는 하나가 아니고 여럿이라는 이야기를 했지? 이처럼 사회적 지위가 여럿이기 때문에, 때로는 어떤 일을 해야 할지 갈등이 생기기도 해.

오늘은 주말이야. 월요일에는 시험이 있어. 나는 학생이므로 시험공부를 하는 것이 학생이라는 사회적 지위에 걸맞은 일이지. 그런데 며칠 후에 내가 활동하고 있는 축구 동아리에서 다른 축구 동아리와 시합을 하기로 약속되어 있어. 그래서 주말 동안 연습을 해야 돼. 더욱이 나는 축구 동아리에서 골키퍼라는 중요한 포지션을 맡고 있어. 이럴 때는 어떻게 해야 할까?

이처럼 사회적 지위가 두 가지 이상이기 때문에 두 지위에 따른 역할이 서로 충돌해서 일으키는 갈등을 '역할 갈등'이라고 해.

사회가 복잡해지면서 사람들은 점점 여러 사회적 지위를 가

지게 되었어. 그리고 사회적 지위에 따른 역할 갈등과 맞닥뜨리는 일도 그만큼 잦아지고 있지. 이럴 때는 여러 역할 가운데 하나를 포기하거나, 어떤 일을 먼저 할 것인지 순서를 정해서 역할을 해야 돼.

《성공하는 사람들의 7가지 습관》이라는 책을 쓴 스티븐 코비는 '소중한 것부터 먼저 하라.'는 충고를 하고 있어. 또 '급하지만 중요하지 않은 일'과 '급하지 않지만 중요한 일' 중에서 선택해야 할 때는 '급하지 않지만 중요한 일을 먼저 하라.'는 이야기도 하고 있지. 역할 갈등이 있을 때 좋은 참고가 되는 말이라고 생각해.

물론 어떤 것이 소중한 일이고 중요한 일인지는 스스로 판단해서 선택할 문제야.

내가 사회의 주인

도산 안창호는 일제 강점기에 조국의 독립을 위해 힘썼던 인물이자, '민족 개조론'을 주장했던 큰 사상가이며, 교육자였어. 다음은 1925년 1월 25일에 안창호가 〈동아일보〉에 실은 〈주인인가 여인(나그네)인가〉라는 글이야.

도산은 '어느 민족 사회든지 그 사회에 주인이 없으면, 그 사회는 망하고 그 민족이 누릴 권리를 딴 사람이 취하게 된다.'는 말로 우리 민족이 일제에 나라를 빼앗긴 까닭을 설명했단다. 우리 민족 하나하나가 민족 사회의 주인다운 역할을 제대로 못 했기 때문에 나라를 빼앗겼다는 이야기였지.

묻노니 여러분이시여, 오늘의 대한 사회에 주인 되는 이가 얼마나 됩니까?

대한 사람은 물론 대한 사회의 주인인데, 주인이 얼마나 되는가 하고 묻는 것이 이상스러운 말씀 같습니다. 그러나 대한 사람이 된 자는 누구든지 명의상 주인이 다 될 것이되, 실상 주인다운 주인은 얼마나 되는지 알 수가 없습니다.

어느 집이든지 주인이 없으면, 이 집이 무너지거나 그렇지 않으면 다른 사람이 이 집을 점령합니다. 어느 민족 사회든지 그 사회에 주인이 없으면, 그 사회는 망하고 그 민족이 누릴 권리를 딴 사람이 취하게 됩니다.

그러므로 우리는 우리 민족의 장래를 위하여 생각할 때 먼저 우리 민족 사회에 주인이 있는지 없는지, 있다 하면 얼마나 있는지 생각하지 아니할 수 없고 살피지 아니할 수 없습니다.

나로부터 여러분은 우리 자신 하나하나가 이 민족 사회의 참 주인인지 아닌지를 물어볼 필요가 있습니다. 주인이 아니면 여인인데, 주인과 나그네를 무엇으로 구분할 것입니까?

그 민족 사회에 스스로 책임심이 있는 자는 주인이오, 책임심이 없는 자는 나그네입니다.

사람은 태어나면 가족이라는 사회의 구성원이 되고, 학교에 들어가면 학교 사회의, 또래 사이에서는 또래 사회의, 그리고 커 가면서 점점 더 많은 사회의 구성원이 된다는 이야기를 앞에서 했지? 그리고 누구나 자기가 소속되어 있는 사회가 잘되고 발전하기를 바랄 거야.

도산 안창호는 〈주인인가 여인인가〉에서 '자신이 소속되어 있는 사회가 잘되고 발전하려면 어떤 마음가짐을 지녀야 하는지'를 잘 말해 주고 있단다. 도산은 '자기가 소속되어 있는 사회는 내가 바로 그 사회의 주인이라는 생각을 가져야 한다.'는 것을 강조하고 있지. 그리고 이런 생각을 가지지 못한다면 그 사회의 주인이 될 수 없고 나그네에 불과하다는 거야.

내가 바로 내가 속해 있는 사회의 주인이라는 생각! 이것은 어떤 사회든 그 사회가 잘되고 발전하기 위해, 그 사회의 구성원이 가져야 할 바탕 되는 마음가짐이라고 생각해.

도산 안창호

2.
문화는 얼굴이
여러 개야

사람이 모여 사는 곳을 '사회'라고 해. 그리고 사회 속에서 살아가는 사람들이 만들어 낸 생활 양식을 '문화'라고 하지. 문화에는 의식주부터 정치, 경제, 예술, 종교 등 여러 분야가 포함돼 있어. 문화는 지역마다 종족마다 모두 다르지만, 모든 문화에는 서로 비슷한 점이 있어. 또 서로가 서로에게 영향을 주고받으며 변화하고 있단다.

문화가 뭐지?

사람이 모여 사는 곳을 사회라고 했지? 그런데 어떤 곳에 모여 사느냐, 어떤 사람이 모여 사느냐에 따라 살아가는 모습이 달라. 이것을 다른 말로 하면 '사는 곳과 모여 사는 사람에 따라 그들의 문화가 서로 다르다.'고 할 수 있을 거야.

그럼 '문화'가 뭐지?

사람과 동물의 가장 다른 점은 뭐라고 생각해?

말을 할 줄 안다는 것, 음식을 날로 먹지 않고 익혀 먹는다는 것, 추위와 더위 등 날씨에 따라 옷을 가려 입고, 자신이 편하도록 또 원하는 모양대로 집을 마련해서 산다는 것 말이야.

그래, 이런 점이 사람과 동물이 눈에 띄게 다른 점이지. 그리고 이런 것이 바로 문화야. '사람은 동물에게 없는 문화가 있다.'는 점이야말로 사람과 동물을 구분할 수 있는 가장 큰 특징이라는 이야기란다.

사회를 이루며 살아가고 있는 사람들이 자신들의 환경에 적응해 살면서 만들어 낸 생활 양식을 문화라고 해. 그런데 이 생활 양식에는 앞서 이야기한 의식주 문제뿐만 아니라 정치, 경제, 예술, 종교 등 다른 여러 분야가 포함되지. 그러므로 사람이 모여 사는 곳이면 어디든 나름의 문화가 있어. 가령 원시 부족의 생활 양식에도 문화는 존재하고 있지.

그러나 사람이 하는 일이라고 해서 모든 행동이 문화인 것은 아냐.

배가 고프면 먹을 것을 찾아 먹고, 졸리면 자는 것 같은 일을 문화라고 할 수 없어. 이런 것은 동물도 하고 있는 본능적인 행동이지. 본능적인 행동은 문화가 아니거든.

배고픈 문제를 해결하기 위해 여러 먹을거리를 준비하고, 이 먹을거리를 알맞은 조리법을 사용해서 음식을 만들어 먹을 때, 그것은 비로소 문화가 돼. 졸릴 때 잠자는 문제도 마찬가지야. 잠을 자기 위해 준비한 주거 공간에서 침구 등을 사용하여 잠을 잔다면 그것은 문화라고 할 수 있어.

다른 예를 들어 볼까? 머리카락을 염색하는 사람이 많지? 머리카락의 색깔은 타고나는 거야. 좀 더 구체적으로 말하면 유전적인 영향을 받아 결정되지. 이처럼 유전적인 것은 문화라고 하지 않아. 그렇지만 유행에 따라 원하는 색깔로 머리카락을 염색하고, 머리 모양도 원하는 대로 바꾸는 행동은 문화가 되지.

문화는 보다 좁은 의미로 사용되기도 해. 무슨 무슨 '문화 행사'라든가, 신문의 '문화면' '문화계 소식' 같은 말을 흔히 사용하잖니? 이럴 때의 문화는 '예술 활동'을 가리키는 말이야. 또 세련되고 교양 있는 것을 의미하는 말로 사용되기도 해. '문화인' '문화 강좌' 같은 말이 그런 뜻이지.

앞으로 이곳에서 이야기하려는 문화는 이런 '좁은 의미 문화'가 아닌 '넓은 의미의 문화'란다.

문화와 문명

문화와 더불어 흔히 함께 쓰는 말로 '문명'이 있어.

문화와 문명은 어떻게 다를까? 비슷한 뜻이니까 그냥 뒤섞어 써도 괜찮을까, 아니면 전혀 의미가 다르니까 잘 구분해서 써야 할까?

문화와 문명은 모두 인간이 자연 상태에서 벗어나 물질적으로나 정신적으로 더 나아진 상태(진보)를 말해. 그 가운데 문화는 예술·학문·종교 등 정신적인 진보를, 문명은 공업·기술·생산 등 물질적인 진보를 뜻하는 말로 흔히 쓰이지. '물질문명'이라는 말은 써도 '물질문화'라는 말을 쓰지 않잖아?

예를 들어 설명하면 더 잘 알 수 있을 거야. '문명의 발상지' '황허 문명' '잉카 문명' 같은 말은 흔히 쓰고 있지. 이것은 농사와 토목 등 물질적인 진보를 중요하게 여겨서 사용하는 말이야. 그리고 '한국 문화' '유럽 문화'라고 할 때는 그 민족이나 국가의 도덕·가치관·종교·예술 등 정신적인 진보에 중점을 두어 하는 말이지.

다른 것도 있고
같은 것도 있고

세계에는 여러 형태의 문화가 존재해. 그 까닭은 지역마다 자연환경이 다르고, 살아온 전통도 다르기 때문이야. 특히 기후는 자연환경 중에서 문화에 많은 영향을 끼치지.

음식 문화를 볼까? 여름철 기온이 높고 강수량이 풍부한 아시아 지역은 쌀을 주식으로 하는 음식 문화가 발달했어. 하지만 비교적 기온이 낮고 건조한 지역은 밀을 주식으로 하는 음식 문화가, 라틴 아메리카의 고산 지역은 감자와 옥수수를 주식으로 하는 음식 문화가 발달했지. 기후에 따라 그 지역에서 주로 생산되는 곡물의 종류가 다르기 때문이야.

한대 지역의 전통 가옥, 이글루

 의복 문화도 기후에 많은 영향을 받아. 무덥고 습기가 많은 열대 기후 지역 사람들은 바람이 잘 통하는 얇은 옷을 입고, 기후가 건조한 지역 사람들은 강한 햇볕과 모래바람을 막기 위해 온몸을 감싼 옷을 입지. 또 한대 기후 지역 사람들은 추위를 견딜 수 있는 두꺼운 옷이나 짐승의 털 또는 가죽으로 만든 옷을 입어.

 주기 문화노 마찬가지야. 지역에 따라 그 지역의 기후 조건을 극복할 수 있고, 주변에서 쉽게 구할 수 있는 재료로 지은 전통 가옥이 발달했어. 열대 기후 지역은 열기와 습기를 피하기 위해

이슬람교의 성지인 메카에 모인 이슬람교도들

나무 위에 집을 짓는 고상 가옥이 발달했어. 건조 기후 지역 사람들은 강한 햇볕을 막을 수 있도록 벽은 두껍게, 창문은 작게 만든 흙집을 지어 살고 있지. 또 한대 기후 지역에서는 과거에 얼음으로 집을 지었어. 그러나 근래에는 바닥에서 올라오는 냉기를 피하고 땅이 녹아 집이 부서지는 것을 막기 위해 고상 가옥을 짓고 있어. 이처럼 기후는 의식주 문화에 많은 영향을 끼친단다.

문화에 큰 영향을 미치는 또 다른 요소로는 언어가 있어.

전 세계에는 7,000여 종의 언어가 있다고 알려져 있어. 언어는 일정한 집단의 사람들이 공동으로 사용하면서, 자신들이 쌓아 올린 지식·기술·습관 등을 다음 세대에 전달하는 역할을 해 왔어. 그래서 전 세계에 다양한 문화가 존재하게 되었던 것이고. 많은 언어가 존재한다는 사실은 곧 문화의 여러 형태를 보여 주는 좋은 본보기라고 할 수 있어.

문화의 여러 형태를 보여 주는 또 다른 본보기는 바로 종교야. 세계에는 불교, 이슬람교, 그리스도교, 힌두교를 비롯한 수많은 종교가 있지. 그리고 종교에 따라 각각 독특한 문화를 만들어 내고 있어.

불교문화 지역에는 웅장한 사찰과 불상, 탑 등이 곳곳에 있어. 또 '부처님 오신 날'에는 연등 행사 등을 열고.

이슬람교 문화 지역의 이슬람교도는 하루에 다섯 번씩 메카

메카
사우디아라비아에 있는 이슬람교의 성지야. 이슬람교의 창시자이자 선지자인 마호메트가 태어난 곳이란다.

를 향해 기도해. 일생에 한 번 이상은 이슬람교의 성지인 메카를 방문하는 코란의 의무를 실천해야 하고. 또 돼지고기를 먹지 않는단다. 그리고 이슬람교 여성은 천으로 얼굴을 가리고 생활하지.

그리스도교 문화 지역에서는 십자가를 세운 성당과 교회를 흔히 볼 수 있어. 그리고 성당이나 교회에서 결혼식을 올린단다. 또 부활절에 삶은 달걀을 먹는 풍습도 있지.

힌두교 문화 지역의 힌두교도는 갠지스 강에서 종교 의식으로 목욕을 해. 또 돼지고기를 먹지 않는 이슬람교도와 달리, 소를 신성하게 여겨서 쇠고기를 먹지 않아.

전 세계에는 이처럼 기후 따라, 또 언어와 종교에 따라 여러 문화가 존재하고 있어. 이를 '문화의 다양성(여러 가지 모양)'이라고 해.

TIP

코란

이슬람교의 경전이야. 불교에는 불경이, 그리스도교에는 성경이 있다면, 이슬람교에는 코란이 있지. 마호메트가 신(알라)의 계시를 받아 적었다고 해.

갠지스 강에서 목욕하는 힌두교도들

하지만 모두 다르기만 한 것은 아냐. 세계 여러 나라를 다녀 보면 '사람 사는 곳은 어디든 비슷하구나.' 하는 생각이 드는 일도 많아. 가족이라든가 결혼, 장례식 같은 것은 어느 사회에서나 볼 수 있어. 음악, 미술, 무용 같은 예술 활동이나 오락, 선물 교환 같은 것도 어느 사회에나 있거든. 또 언어나 종교의 종류가 다르지만, 어느 사회나 언어를 통해 의사소통을 하고 많은 사람이 신앙을 가지고 있다는 것도 공통점이지.

이처럼 세계 어느 곳을 가든 공통적으로 가지고 있는 문화의 특성을 '문화의 보편성'이라고 해. 그러니까 문화는 다양성과 보편성을 동시에 가지고 있다는 이야기란다.

문화는 늘 변하고 있어

서로 다르기만 할 듯한 문화에 보편성이 나타나는 까닭은 무엇일까? 그것은 문화를 이루어 가는 주인공은 사람이고, 사람은 사람만이 가지고 있는 생물학적 공통점이 있기 때문이야. 또 사람은 심리적으로도 공통된 성향을 지니고 있어.

문화의 바탕을 이루는 이러한 특성 때문에 각각의 문화는 서로 독립된 것이 아니고, 다른 문화와 밀접한 관계를 가지고 있지. 문화란 하나하나 따로 떨어진 것이 아니라, 서로 연결되어 있는 전체로 바라보아야 된다는 이야기야. 이와 같은 문화의 특성을 '문화의 전체성'이라고 해.

그리고 문화는 고정되어 있는 것이 아니고 시간의 흐름에 따라, 또는 다른 문화의 영향을 받으며 변화하고 있어. 이것을 '문화의 변동성'이라고 하지.

문화의 변동성을 보여 주는 좋은 예는 '문화의 전파'란다. 문화의 전파는 한 지역의 문화가 다른 지역으로 옮겨 가거나 주변 여러 지역으로 퍼져 나가는 것을 말해. 그래서 다른 지역의 문화에 변화를 주기도 하고, 다른 지역 문화와 융합해서 새로운 문화를 만들어 내기도 하지.

또 특정 문화가 다른 지역으로 번져 나가는 과정에서, 주변 지역과 구분되는 독특한 문화를 만들어 내기도 해. 이런 지역을 '문화의 섬'이라고 하지. 바다로 둘러싸여 있는 섬처럼 주변 지역 문화와 구별되는 독특한 문화가 있는 지역이라는 뜻이야.

15세기의 대항해 시대에는 인류 역사상 유례없이 커다란 문화 전파가 이루어졌지. 유럽 사람들이 아메리카 대륙으로 건너가 문화를 전파하면서, 아메리카 지역의 문화에 큰 변화가 일어났던 거야.

라틴 아메리카에는 유럽인에 의해 영어, 에스파냐 어, 포르투갈 어가 전해졌어. 그리고 대규모 밀농사와 방목과 플랜테이션이 이루어졌고. 플랜테이션은 열대 기후 지역에서 선진국의 자본과 기술이 원주민의 노동력을 활용하여 농사짓는 것을 말해.

인종의 용광로, 미국

　북아메리카 지역에는 본토에 살던 아메리칸 인디언과 유럽 여러 나라에서 건너간 백인, 아프리카의 흑인, 아시아의 이민자로 이루어진 다민족 국가인 미국이 탄생했어. 그리고 여러 민족의 다양한 문화는 모자이크처럼 어우러져, 서로 영향을 주고받으며 새로운 문화로 변형·발전하고 있지. 미국 문화는 문화의 전파가 이미 있던 문화를 어떻게 변형·발전시키는지 보여 주는 좋은 예시라고 할 수 있단다.

　문화는 이처럼 여러 개의 얼굴을 가지고 있으며 계속 변화하고 있어. 마치 살아 움직이는 생명체처럼 말이지.

다른 문화 이해하기

지구 상에 존재하는 다양한 문화는 그 지역 사람들이 환경에 적응해 살아오면서 이루어진 거야. 그래서 각각 나름의 특징과 독특한 가치를 지니고 있어. 이를 '문화의 상대성'이라고 해.

만약 누군가 내 얼굴에 침을 뱉는다면 어떻게 하겠어? 막 화를 내며 싸우려고 덤벼들겠지? 상대가 나보다 나이 많은 어른이라고 해도 그냥 당하고 있지만은 않을 거야. 얼굴에 침을 뱉는 건 엄청난 모욕을 느끼게 하는 행동이니까.

그러나 얼굴에 침 뱉는 행동이 축복을 의미하는 종족도 있어.

마사이 족

바로 아프리카 케냐의 마사이 족이야. 마사이 족은 어린아이의 머리에 축복의 의미로 침을 뱉는다고 해. 또 가까운 사람에게는 인사의 의미로 침을 뱉는대.

우리가 보기에는 괴상망측하기 그지없는 마사이 족의 문화는 왜 만들어졌을까?

마사이 족이 사는 지역은 물이 매우 귀하다고 해. 그래서 침조차 귀하게 여겨서 '소중한 물을 함께 나눈다.'는 의미로 침을 뱉는다는 거야. 그러니까 얼굴에 침을 뱉는다는 것은 친근하고 다정한 행동이 되는 거지.

마사이 족의 침 뱉기에서 알 수 있는 것처럼 다른 문화를 올바르게 이해하려면 편견을 버리고 접근해야 해. 얼굴에 침을 뱉는 행동이 상대방에게 모욕을 준다는 틀에 박힌 생각을 버리고, 이러한 문화가 만들어진 그 지역 사람들의 삶과 사고방식과 환경 등을 이해하고 접근해야 된다는 이야기야.

이와 같이 상대방의 문화를 이해하는 태도를 '문화 상대주의'라고 해. 문화 상대주의는 다른 문화의 가치와 의미를 올바르게 이해하도록 해 줄뿐더러, 내가 속한 문화 역시 객관적으로 이해할 수 있는 눈을 가지게 해 준단다.

하지만 문화 상대주의의 눈으로 다른 문화를 바라볼 때라도 경계해야 할 점이 하나 있어. 살인이나 폭력 같은 행위가 포함된 문화 말이야.

텔레비전 뉴스 등에서 '명예 살인'에 대한 보도를 본 적이 있는지 모르겠어. 어떤 나라에서는 자기 가족이나 집단의 명예를 더럽혔다고 해서, 가족이나 집단의 구성원이 그 사람을 직접 살해하는 일이 벌어진다고 해. 이것을 '명예 살인'이라고 부르지.

명예 살인도 그 지역의 문화니까, 문화 상대주의의 관점에서 이것을 이해하고 존중해 줘야 할까?

그것은 안 될 일이야. 살인이나 폭력 등 인간의 존엄성과 보편적인 가치를 파괴하는 범죄 행위는 문화의 한 부분으로 받아들일 수 없으니까.

다른 문화를 올바르게 이해하기 위해 또 하나 경계하지 않으면 안 될 일이 있어. 일정한 기준을 정해 놓고 문화의 높낮이를 가리는 일이야.

사람은 자신의 속한 사회의 문화에 익숙한 탓에, 그것이 정상적이고 바람직한 문화라고 생각하는 것이 보통이지. 그리고 낯설고 다른 문화는 이상하고 열등하다고 평가하는 경우가 많아. 이처럼 자신의 문화를 우월하다고 생각하고 다른 문화를 열등한 것으로 무시하는 태도를 '자문화 중심주의'라고 해.

자문화 중심주의는 자기 문화에 자부심을 가지게 하고 집단의 결속을 다지는 데에는 도움이 돼. 그렇지만 다른 문화와 갈등을 일으키고 '문화 제국주의'로 흐를 위험성이 아주 높아. 문화 제국주의는 특정한 국가가 경제력이나 군사력을 바탕으로 자기 문화를 강요해서, 다른 문화를 파괴하거나 지배하는 것을 말해.

자문화 중심주의에 반대되는 개념으로는 '문화 사대주의'가 있어. 문화 사대주의란 다른 사회의 문화를 우월한 것으로 생각하여 숭상하고, 자기 문화를 업신여기는 태도를 말하지. 조선

중국 황제가 살았던 자금성

시대에 사대부가 중국 문화를 높이 평가해 따르고, 우리 문화를 업신여기던 태도가 좋은 예야.

문화 사대주의는 앞선 문화를 받아들이는 데에는 도움이 되기도 하지만, 자기의 고유문화를 바르게 발전시키는 데에는 걸림돌이 되는 행위야.

자문화 중심주의와 문화 사대주의는 문화의 다양성을 인정하지 않고, 특정 문화만을 우월한 것으로 여겨 그 외의 문화를 업신여긴다는 점에서 공통점이 있어. 그래서 다른 문화를 올바르게 이해하는 데 장애가 되고, 자기 문화를 제대로 이해하고 발전시키는 데에도 걸림돌이 되지.

세계화 시대의 문화

지금 우리는 문화가 매우 빠르게 변하고 있는 '세계화 시대'에 살고 있어.

세계화가 뭐냐고? 세계 여러 나라가 정치·경제·과학·문화 등 사회의 여러 분야에서 서로 영향을 주고받으며, 전 세계가 이웃이 된 것처럼 살아가게 된 것을 말해.

앞에서 '문화는 다른 문화와의 접촉으로 영향을 주고받으며 변한다.'는 문화 변동성의 이야기를 했지? 그런데 교통과 통신 수단의 발달로 세계화가 진행되어 지역 간의 교류가 활발해지면서 문화는 더욱 빠른 속도로 변하게 된 거야.

또 인터넷이나 사회 관계망 서비스(온라인상에서 다양한 사람과 관계를 맺을 수 있는 서비스, SNS) 등으로 정보와 생각을 쉽게 주고받을 있는 세상이 되었어. 그래서 외부 문화와의 접촉이 거의 실시간으로 이루어지고 있지. 이것도 문화가 빠르게 변하는 배경이 되고 있어.

그럼 세계화 시대의 문화는 어떻게 변하고 있을까?

세계화로 서로 다른 문화 사이의 접촉이 활발해지면서, 문화는 지역에 따라 여러 모양새로 변하고 있어.

먼저 꼽을 수 있는 것은 서구의 문화를 받아들인 다른 지역의 문화가 서구 문화와 비슷해지는 현상이야. 이러한 것을 '문화의 획일화'라고 표현해. 서구의 음식 문화나 미국의 할리우드 영화, 서구의 음악(팝 뮤직) 등이 전 세계로 널리 퍼져 나간 것을 문화 획일화의 한 예라고 할 수 있어.

그러나 일방적으로 진행되는 듯하던 문화의 획일화에도 변화가 시작됐어. 서구 문화가 각 지역의 문화와 결합하면서, 특색 있는 여러 형태의 문화가 나타나게 된 거지. 이른바 '문화의 융합'이 이루어진 거야. 근래에 할리우드 영화나 서구의 영화가 아닌 제3세계 영화에 관심이 높아지는 현상이라든가, 우리나라의 대중음악(케이팝, K-POP)이 세계적인 관심을 모으며 한류 열풍을 불러일으키고 있는 것 등이 문화 융합의 좋은 예라고 할 수 있어.

세계화에서 비롯되는 또 다른 현상은 서로 다른 문화가 충돌하는 '문화적 갈등'이야. 세계화로 나라와 나라 사이의 인구 이동이 많아지고, 다른 문화와의 접촉도 잦아지고 있지. 그러다 보니 이제는 전 세계적으로 단일 문화 지역을 찾기 힘들 정도가

외국에서 열리는 케이팝 콘서트

되었어. 이른바 '다문화 현상'이 확산되고 있는 거야. 그리고 다문화 현상은 여러 사회 문제를 불러일으키고 있어. 서로 언어가 다르고, 종교가 다르고, 문화도 다르다 보니 갈등이 일어나는 것이란다.

우리나라도 한때는 단일 민족이라는 것을 자랑하며 교과서에서도 강조해서 다뤘지. 하지만 이제 단일 민족을 내세우는 사람은 거의 없어졌어. 우리나라의 경제가 크게 성장하면서, 일자리를 찾아온 외국인과 유학생이 많아지고 국제결혼도 자연스러운 일이 되었거든. 이 때문에 우리나라도 점차 다문화 사회가 되어 가고 있단다. 또 이런 현상은 앞으로 더욱 늘어날 거야.

다문화 사회에서 단일 민족을 내세우는 행동은 갈등만 불러오고 나라 발전을 위해서도 도움이 안 되는 일이지. 그들도 우리와 더불어 살아가고 있는 이웃이고, 나라 발전을 위해 함께 일하고 있는 사람이기 때문이야.

다문화 사회에서 불거지는 문화적 갈등은 어떻게 해야 줄일 수 있을까? 그건 서로 다른 문화를 인정하고 고유한 삶의 방식을 존중할 때 줄어들 수 있단다. 또 서로 다른 문화가 조화롭게 결합해서 기존의 문화를 더욱 풍요롭게 할 수도 있지.

이것은 세계화와 더불어 새로이 등장한 다문화 사회에서 우리가 가꾸어 나가야 할 문화에 대한 새로운 자세라고 생각해.

대중문화 이해하기

'대중문화'라는 말, 많이 듣지? '대중'이란 현대 사회를 구성하고 있는 대다수의 사람을 가리키는 말이야. 그러므로 문화 이야기를 하는 데 '오늘을 살아가고 있는 대다수 사람의 문화'인 대중문화 이야기를 빼놓을 수는 없지.

대중문화는 영화·가요·드라마·프로 야구처럼 많은 사람이 손쉽게 가까이하고 즐기는 문화를 말해. 대중문화라고 하면 저속하고 수준이 낮은 것으로 한 자락 내리깔아 보려는 시선이 없지 않아. 하지만 이것은 과거에 일부 특권층만 문화를 누리고 즐겼기 때문에, 한쪽으로 치우쳐 바라보게 된 건 아닐까 하고 생각돼.

오늘날의 문화는 많은 사람이 평등하게 누리고 즐기며, 삶을 풍요롭게 만드는 존재로 자리매김되었어. 대중문화는 이런 점에서 많은 이바지를 하고 있지. 과거에 소수 특권층만 누렸던 문화를 많은 사람이 함께 즐기며 여가 시간을 보낼 수 있게 되었다는 이야기야.

물론 대중문화의 부정적인 면도 없지는 않아. 대중문화의 문제점은 상업성을 띠기 쉽다는 거야. 대중문화가 이윤을 추구하는 기업과 결합하면서, 소비자에게 잘 팔릴 법한 상품만 생산해서 유통시키기 때문이야. 또 소비자가 많이 찾는 문화 상품을 대량으로 생산해서 유통시키다 보니 개성을 잃고 모두가 비슷해지는 단점도 있어.

이처럼 대중문화에는 긍정과 부정의 두 얼굴이 함께 있지만, 많은 사람의 사랑과 관심 속에서 앞으로 더욱 발전해 나갈 거야.

대중문화와 떼어서 생각할 수 없는 것은 대중 매체야. 대중 매체는 대중문화의 발전과 변화를 이끌어 가는 중심 도구라고 해도 지나친 말이 아닐 거야.

원시 시대 사람들은 어떻게 서로의 생각을 나눴을까? 손짓과 몸짓이 기초적인 의사소통 수단이었을 테지. 그런 뒤에는 말과 글자를 사용해서 의사소통을 하게 되었고, 이런 시대는 아주 오래 이어졌어.

말과 글처럼 사람 사이에 의사소통을 할 수 있는 수단을 미디어(매체)라고 해. 그리고 신문과 텔레비전 등의 등장은 매스 미디어(대중 매체) 시대를 열었어. 많은 사람에게 한꺼번에 많은 정보와 생각을 전달할 수 있는 시대가 열렸다는 이야기란다.

전통적인 대중 매체인 신문이나 텔레비전은 전문 제작자가 정보를 생산해서 다수의 대중에게 전달하는 방식이야. 그래서 정보의 생산자와 소비자가 분명하게 구분되어 있고, 전달되는 정보도 일방적이며, 내용 또한 한결같았어.

그러나 정보 통신 기술의 발달은 대중 매체에 새로운 바람을 불어넣었어. 인터넷과 위성 방송, 스마트폰 등이 바로 새로운 대중 매체야.

새로운 대중 매체는 과거의 매체와 다른 특징을 보여 주고 있어. 가장 큰 특징은 정보 생산자와 소비자 사이의 경계가 무너지고 있다는 점이야. 그래서 많은 사람이 정보의 생산자인 동시에 소비자가 되고, 쌍방향 의사소통도 가능해졌어. 인터넷 게시판에 자유로이 글을 올리고, 자기가 보고 싶은 글을 골라 보면서 댓글을 달거나 새로운 내용을 덧붙여 정보를 유통시키는 것이 본보기이지.

　대중 매체 이야기를 길게 한 이유는 무엇일까? 그것은 매체의 변화가 문화와 서로 작용해서 문화를 변화시키고 있기 때문이야. 생산자와 소비자의 경계가 무너지고 있는 대중 매체의 특성처럼, 문화 면에서도 대중문화를 수동적으로 받아들이던 많은 소비자가 적극적인 생산자로 변하고 있다는 이야기지. 예전에는 단순한 독자였던 사람들이 스스로 글을 써서 인터넷 등에 올리는 것을 그런 예라고 할 수 있어.

　한편 대중문화의 변화는 다시 매체의 변화로 이어지고 있어. 스마트폰 사용이 늘어나면서 텔레비전 시청 시간이 줄어든 것이라든지, 트위터나 페이스북 같은 사회 관계망 서비스가 유행에 따라 계속 바뀌는 것 등이 그런 예지.

　새로운 매체의 등장은 대중문화를 변화시키지만, 대중이 어떤 매체를 많이 사용하느냐에 따라 매체가 발휘하는 영향력이 달라지고 있다는 이야기란다.

3

바람잘날 없는 사회 문제

그 사회에 속해 있는 많은 사람이 '좋게 바꿔야 한다.'라고 생각하는 것, 이것이 바로 사회 문제야. 대표적인 사회 문제로는 인구, 노동, 환경 오염 등을 꼽을 수 있어. 어떤 나라는 인구가 적어서, 어떤 나라는 인구가 많아서 걱정이야. 또 노동자와 고용자의 생각이 서로 달라서 문제가 생겨나곤 해. 환경 문제는 지구촌 사회 전체에 해당하는 심각한 문제란다.

사회 문제가 뭐지?

'가지 많은 나무에 바람 잘 날 없다.'는 말이 있지? 또 '사공이 많으면 배가 산으로 간다.'는 말도 있어. 둘 다 어떤 일을 할 때 사람이 많으면 이런저런 말이 많고, 일을 추진하기도 쉽지 않다는 것을 빗대어 표현한 속담이야.

앞서 사회란 여러 사람이 모여 사는 곳이라고 이야기했지. 그러므로 가족이나 학교처럼 작은 사회도 있지만, 지방 자치 단체나 국가처럼 큰 사회도 있어. 또 지구를 하나의 마을처럼 생각하는 지구촌이라는 말이 있듯이 세계도 하나의 큰 사회야.

규모가 큰 사회일수록 '바람 잘 날 없는 가지 많은 나무'처럼

여러 사회 문제를 안고 있게 마련이야. 그럼 사회 문제가 뭐지?

사회 문제는 그 사회에 속해 있는 많은 사람이 '좋게 바꿔야 한다.'고 생각하고 있는 일(사회 현상)을 말해. 그러니까 우리나라의 많은 사람이 '이러이러한 일은 꼭 바꿔야 한다.'고 생각한다면, 그 일이 바로 우리나라의 사회 문제가 되는 거야.

그런데 어떤 것을 사회 문제로 보느냐를 구체적으로 짚어서 말하기는 쉽지 않아. 사회 문제는 시대에 따라, 장소에 따라, 사람들의 가치관에 따라 다르게 나타나기 때문이야.

한때 우리나라는 높은 공장 굴뚝에서 뿜어 나오는 검은 연기를 경제 발전의 상징처럼 생각했던 시절이 있었어. 그러나 이런 일이 요즘에 일어난다면, 환경을 오염시킨다며 큰 문제로 번질 테고 공장 주인은 처벌도 받을 거야.

양반과 상놈을 따지는 신분 차별이나 인종 차별, 남녀 차별도 마찬가지야. 평등사상이 자리 잡기 전인 과거에는 그런 일이 전혀 문제되지 않았지. 하지만 지금은 대부분의 나라와 지역에서 중요한 사회 문제가 되었어. 그럼에도 불구하고 같은 사회의 구성원 사이에서도 사람마다 가치관이 다르기 때문에, 이런 문제를 심각한 사회 문제로 생각하지 않는 사람도 없지는 않아.

이처럼 어떤 것이 사회 문제인지 구체적으로 짚어 말하기란 쉽지 않단다. 하지만 나라와 지역을 떠나, 오늘날 전 세계가 공통적으로 맞닥뜨리고 있는 중요한 사회 문제가 있어. 인구 문제, 노동 문제, 환경 문제 등이 거기에 해당될 거야.

이는 산업화로 급격한 사회 변동이 일어나면서 불거진 것으로, 현대 사회가 안고 있는 사회 문제야. 또 개인의 노력은 물론 전 사회가 함께 해결해 나가야 할 문제이기도 해. 그럼 이 세 가지 사회 문제를 보다 자세히 알아볼까?

적어도 걱정, 많아도 걱정인 인구

인구 문제는 오늘날 전 세계가 똑같이 맞닥뜨리고 있는 중요한 문제이지만, 그 모양새는 나라와 지역에 따라 크게 달라.

대부분의 선진국은 아이를 적게 낳는 문제로 걱정하고 있어. 출산율이 떨어지면 생산 활동에 참여할 수 있는 인구가 줄어들어. 그래서 노동력 부족이라는 어려움을 겪게 되고, 경제 성장도 느려질 수밖에 없지.

또 생활 수준의 향상으로 평균 수명이 늘어나면서, 노령 인구가 늘어나는 것 또한 출산율이 떨어지는 것과 맞물려 어려움을

남성 육아 제도를 시행하고 있는 스웨덴

더해 주고 있어. 젊은 인구가 줄어드는 것은 늘어나는 노령 인구를 부양하기 위한 젊은 인구의 부담 증가로 이어지기 때문이야. 이 때문에 선진국은 정부의 사회 복지 비용이 크게 늘어나고 있다는 공통적인 사회 문제를 안고 있단다.

개발 도상국은 선진국과 달리 아이를 많이 낳아서 걱정이야. 경제가 성장하는 속도보다 인구가 늘어나는 속도가 더 빨라서 빈곤과 굶주림 등이 사회 문제가 되고 있어. 또 평균 수명이 늘어나 사망률은 급격히 떨어지고 있는 것도 인구가 빠르게 늘어나는 원인이 되고 있지.

한 가구 한 자녀 운동을 시행하고 있는 중국

경제 성장을 앞지르는 인구의 빠른 증가는 식량 문제뿐 아니라, 일자리 부족과 주택 문제 등 각종 시설의 부족을 불러와 삶의 질을 떨어뜨리고 있어.

그럼 우리나라의 현실은 어떨까?

우리나라도 인구가 크게 늘어나 고민하던 시절이 있었어. 그래서 아이를 적게 낳으라고 권장했지(산아 제한). 이때는 '둘만 낳아 잘 기르자.'는 구호도 유행했단다. 그러나 경제 성장과 더불어 우리나라의 인구 문제는 선진국형으로 고민이 바뀌었어.

3. 바람 잘 날 없는 사회 문제 75

여성의 사회 진출과 양육비의 증가, 가치관의 변화 등으로 아기를 낳지 않으려는 경향이 퍼져서 출산율이 크게 떨어졌어. 또 의료 수준이 높아지면서 평균 수명이 점점 늘어나 노령 인구가 증가하고 있지. 선진국과 마찬가지로 '저출산 고령화'라는 사회 문제와 맞닥뜨리게 된 거야.

나라마다 다른 인구 문제

인구가 많다는 것은 어떤 나라에서는 나라 힘의 바탕이 되지만, 어떤 나라에서는 빈곤의 상징처럼 되어 있어. 인구는 많은데 식량이 부족하고 일자리도 구하기 힘들다면 가난할 수밖에 없지. 몇몇 나라를 본보기로 들어 어떤 인구 정책을 쓰고 있는지 살펴보도록 할까?

스웨덴은 사회 복지가 잘되어 있는 대표적인 나라이고 잘사는 나라야. 그러나 국민이 아이를 적게 낳아 출산율이 떨어지는 바람에, 인구수를 늘리기 위해 크게 노력하는 정책을 펴고 있단다.

스웨덴은 세계 최초로 남성 육아 휴가 제도를 시행했어(1974년). 아기를 낳으면 산모는 물론 산모의 남편까지 휴가를 주는 제도야. 남성 육아 휴가는 산모를 돌봐 주기 위해 의무적으로 반드시 사용해야 돼. 아기 낳은 것을 얼마나 소중하게 여기는지 잘 엿볼 수 있는 정책이지.

선진국과 개발 도상국은 이와 같은 사회 문제를 해결하기 위해 어떤 노력을 하고 있을까?

선진국을 아기를 많이 낳도록 하기 위해 출산 및 육아 수당을 지급하고, 보육 시설을 늘려 아이를 편하게 기를 수 있는 정책을 펴고 있어. 또 여성의 사회 활동을 지원하는 법과 제도를 마련하고 있지.

반대로 중국은 인구가 너무 많아서 골치를 앓고 있는 나라야. 그래서 '한 가구 한 자녀 운동'을 추진하고 있지. 그리고 이를 어기면 벌금을 물리는 등 강력하게 처벌하는 제도를 시행하고 있어.

인도는 인구 증가를 억제하기 위해 '둘만 낳기 운동'을 전개하고 있어. 또 임신을 미루면 정부에서 지원금을 주고, 각 주와 군마다 적극적인 산아 제한 정책을 실시하고 있단다.

고령화 사회가 빠르게 진행되고 있는 일본은 노인 문제를 해결하기 위해 많은 애를 쓰고 있어. 고령자가 다시 직장에 나가 일할 수 있도록 다양한 재취업의 기회를 제공하고, 고령자에게 일자리를 제공하는 기업은 정부에서 장려금을 주고 있지.

이처럼 한쪽은 너무 많아서 걱정, 다른 한쪽은 적어서 걱정인 것이 바로 인구 문제야. 그리고 나라마다 나름의 노력을 하고 있지만 쉽게 해결이 되지 않고 있어.

늘어나는 노인 문제를 위해 각종 사회 보장 제도를 확립하고, 노인을 위한 일자리 마련과 문화 시절을 늘리는 등의 정책으로써 인구 고령화에 대비하고 있단다.

개발 도상국은 인구 증가를 억제하고자 산아 제한 정책을 실시하고 있어. 그리고 부족한 식량 문제를 해결하고자 식량 증산과 경제 개발을 위해 노력하고 있지. 또 인구가 도시로 몰리는 것을 늦추고자 농촌의 생활 환경 개선과 농업의 현대화 등 지역 간 균형 발전을 위한 노력도 함께하고 있어.

한편 선진국형 인구 문제를 안고 있는 우리나라도 낮아진 출산율을 높이고자 아이를 많이 낳은 가구(다자녀 가구)의 양육비 및 교육비 지원을 비롯한 노력을 펼치고 있지. 또 고령화 시대에 대비하여 노인 일자리 마련과 사회 보장 제도의 마련을 위해 노력하고 있어.

하지만 출산율을 높이기 위한 정책과 노인을 위한 정책 모두 걸음마 단계인 까닭에, 아직은 눈에 띌 만한 성과를 거두지 못하고 있단다. 그리고 두 정책 모두 많은 사회 복지 비용을 지출해야 한다는 것이 문제점이 되고 있어.

즐겁게 일할 수 있어야 하는데

엄마한테 용돈을 받는 방법에는 어떤 것이 있을까? 엄마가 원하는 심부름을 하는 것도 하나의 방법이겠지. 바꿔 말하면 일을 하고 돈을 받는 거야.

우리가 살아가는 데에는 많은 것이 필요해. 우선 먹을 것, 입을 것, 살 집이 있어야 하지. 그 밖에도 필요한 것은 수도 없이 많아. 이렇게 필요한 것을 얻고자 돈을 벌기 위해 일하는 것을 '노동'이라고 해. 그러므로 엄마 심부름을 하고 용돈을 받는 것도 넓은 의미에서 노동이라고 할 수 있지.

엄마 심부름을 할 때 콧노래를 부르면서 즐겁게 하면 좋을 텐

데, 그러지 못한 경우도 없지 않아. 심부름을 하느라 친구하고 축구도 못 하게 된다면 짜증이 날 수도 있지.

노동 문제도 마찬가지야. 우리는 노동의 대가로 임금을 받아서 살아가는 데 필요한 것을 마련하지. 이왕이면 보람을 느끼며 즐거운 마음으로 일하면 좋은 텐데, 여러 이유로 그러지 못할 때가 많아. 이처럼 노동을 즐겁게 할 수 없도록 가로막고 있는 여러 문제가 '노동 문제'란다.

첫째는 낮은 임금(저임금)과 임금 격차야.

낮은 임금은 일하는 사람(노동자)이 안정적인 생활을 할 수 없도록 만들어. 적은 수입으로는 먹고살기가 힘들다는 이야기야. 그리고 이러한 사실은 건강한 사회 발전을 막는 원인이 되지.

임금 격차란 임금을 많이 받는 사람과 적게 받는 사람의 차이를 말해. 어떤 일을 하느냐에 따라, 또 일하는 사람의 능력에 따라 임금의 차이가 나는 것은 자연스러운 일이지. 하지만 임금 격차가 학력별·성별·직종별·고용 형태별로 지나치리만큼 심하게 벌어져 있어서 사회 불평등 문제를 낳고 있어.

둘째, 노동 조건과 관련된 문제야.

과거의 노동자들은 긴 노동 시간과 열악한 작업 환경 때문에 건강은 물론 생명까지 위협받으며 일했어. 우리나라 경제가 한

창 성장을 하던 1960년대에는 노동자들의 비인간적인 처우에 분노한 평화시장 노동자 전태일이 '우리는 기계가 아니다!'라고 외치며 분신자살하는 사건까지 일어났지(1970년 11월).

오늘날은 노동자의 권리가 상당 부분 법으로 보장되어 있어. 그러나 많은 노동자가 여전히 최소한의 노동 조건도 보장받지 못한 채 일하고 있는 것이 현실이란다.

셋째, 노동자와 고용자 사이의 대립과 갈등이야.

노동자 집단과 고용자 집단은 임금 인상이나 노동 환경 개선 등의 문제에 대하여 서로 반대 입장에 있어. 그렇기 때문에 대립할 수밖에 없지. 그리고 대립이 심해지면 심해질수록 경제 활동은 물론 사회 통합에도 걸림돌이 되고.

노동 조건이 잘 개선되지 않는 원인은 노동자와 고용자가 같

은 눈높이에서 임금 문제나 노동 조건 등을 협상할 수 없기 때문이야. 노동자를 고용한 고용자는 노동자보다 더 강한 위치에 있게 마련이거든.

이와 같은 문제를 해결하기 위해 현대 사회에서는 국가가 근로 조건의 최저 기준을 법으로 정해 놓았어. 노동자와 고용자가 대등한 관계에서 대화하고 협상할 수 있는 '노동 3권'의 보장이지.

노동 3권과 최저 임금제

헌법은 노동자의 권리와 이익, 근로 조건 향상을 위해 세 가지 기본권(단결권, 단체 교섭권, 단체 행동권)을 보장하고 있어. 이를 노동 3권이라고 해.

단결권은 노동자가 근로 조건의 수준을 높이기 위해 노동조합이나 그 밖의 단체를 만들고 가입해서 활동할 수 있는 권리를 말해.

단체 교섭권은 근로 조건의 개선과 경제적·사회적 지위 향상을 위해 노동조합 등을 내세워 고용자와 교섭할 수 있는 권리야.

단체 행동권은 단체 교섭권으로 목표를 달성할 수 없을 때, 파업이나 태업 등 실력 행사를 할 수 있는 권리를 말해. '쟁의권'이라고도 하지. 그러나 쟁의권을 행사할 때, 타인의 기본적인 인권이나 고용자의 재산권을 침해하는 행위는 불법이야.

'최저 임금제'도 헌법으로 보장하고 있는 노동자의 권리야(헌법 제32조 제1항). 노동자가 한 시간 동안 일할 경우, 고용주는 최소한 얼마 이상의 임금을 지불해야 한다는 것이 최저 임금제란다. 최저 임금은 매년 법으로 정해 놓도록 되어 있어.

노동자의 '단결권' '단체 교섭권' '단체 행동권'이 노동 3권이란다.

그러나 노동자와 고용자 사이의 갈등은 여전히 쉽게 해결되지 않는 문제로 남아 있어. 즐겁게 일하고 일하는 보람도 느낄 수 있어야 하는데, 그런 환경이 잘 만들어지지 않는다는 이야기야.

노동 문제를 해결하려면 노동자와 고용자가 자신들의 입장만 내세우지 말고, 대화와 타협으로 문제를 해결해야 돼. 그리고 정부도 공정한 위치에서 조정자 역할을 해야 한다고 생각해.

최저 임금제가 생긴 것은 노동자보다 강한 위치에 있는 고용주가 노동자에게 너무 적은 임금을 주는 것을 막기 위해서야.

그럼 노동자가 최저 임금보다 낮은 임금으로 일하겠다고 원할 경우에는 어떻게 될까? 취업이 잘 안 되니까 최저 임금보다 낮은 임금을 받더라도 일하겠다는 노동자가 있을 수 있잖아.

그것도 안 돼. 최저 임금은 법으로 정해져 있는 것이거든. 이 때문에 고용주는 어떠한 경우에도 노동자에게 최저 임금보다 낮은 임금을 지불할 수 없어.

청소년이 아르바이트를 할 때도 마찬가지야. 청소년은 아직 어리고 일에 덜 익숙하기 때문에 최저 임금보다 낮은 임금을 지불해도 괜찮다고 생각하는 사람도 있을 수가 있지. 하지만 이것 역시 불가능해. 청소년의 아르바이트 급료도 그해의 최저 임금 이상을 지불해야 돼. 최저 임금제는 일의 종류나 나이, 성별, 숙련 정도, 학력 등에 관계없이 지키도록 되어 있어.

이처럼 노동 3권과 최저 임금제를 헌법과 법률로 보장해서 노동자의 권리를 보고하고 있지만, 그럼에도 불구하고 제대로 지켜지지 않고 있는 것이 현실이란다.

지구가 망가지고 있어

이번에는 환경 문제를 알아볼까?

환경 문제는 앞서 이야기한 인구 문제나 노동 문제와는 비교할 수 없을 만큼 심각한 문제야. 자칫 잘못하면 인류의 생존을 위협할 수 있는 지구촌 전체의 사회 문제거든. 지구 온난화, 오존층 파괴, 사막화, 산성비, 멸종 생물에서 비롯된 생물 종류의 다양성 감소 등이 지구를 망가뜨리고 있는 대표적인 환경 문제라고 할 수 있어.

언뜻 생각하면 이런 문제는 우리나라와는 별 관계가 없는 일처럼 느껴져. 오존층이 파괴된다고 해서 당장 우리나라에 무슨 일이 일어나는 것 같지는 않잖아?

　지구 온난화 문제도 그래. 지구 온난화는 지구가 점점 따듯해지고 있다는 이야긴데, 그게 무슨 문제겠어? 지구가 따듯해지면 겨울에 춥지 않아서 좋지. 스케이트를 타고 싶은 사람은 스케이트장에 가서 타면 되고.

　하지만 그렇지 않단다. 이런 현상이 왜 문제인지 하나하나 알아보도록 할까?

　지구 온난화는 대기 중의 이산화탄소 증가가 제일 큰 원인이야.

지구 온난화로 녹아 내린 북극의 빙산

산업화와 인구 증가로 석탄과 석유 같은 화석 연료의 사용이 늘어나면서 이산화탄소가 많이 배출되고 있거든. 그런 데다 각종 개발로 인해 이산화탄소 흡수에 중요한 역할을 맡은 삼림이 점점 줄어들면서, 대기 중의 이산화탄소 농도가 더욱 짙어지고 있어. 그래서 지구의 온도가 점점 올라가는 거란다.

지구촌에는 지구 온난화에서 불거진 폭풍우와 가뭄 등 여러 자연 재해가 늘어나고 있어. 또 남극과 북극 지방의 빙하가 녹아 해수면(바닷물의 높이)이 높아지면서, 육지의 지대가 낮은 곳은 바닷물에 잠기는 문제를 걱정하지 않을 수 없게 되었지. 그 밖에 바다 생태계의 파괴, 물 부족 등도 지구 온난화가 원인이 되어 일어나는 재해야.

오존층의 파괴도 지구 온난화 못지않게 심각한 문제란다.

오존은 마늘 냄새를 풍기는 기체야. 공기 중에서 산소가 자외선과 부딪치면 광화학 반응을 일으키며 오존이 만들어져. 오존은 지구에서 높이 20~30킬로미터 되는 곳에 많이 분포되어 있어. 누군가 일부러 그렇게 만든 것이 아니고 자연 현상으로 만들어진 거야. 이처럼 오존이 두껍게 층을 이르고 몰려 있는 곳을 오존층이라고 부르지.

오존층은 지구 상의 생물을 위해 아주 좋은 일을 하고 있어.

자외선은 태양 광선 중에서 파장이 짧은 광선으로, 생물에게 아주 해로워. 하지만 다행히도 오존층이 대부분의 자외선을 흡수하고 있어. 그래서 자외선이 지구까지는 이르지 않는단다. 오존층은 지구의 생물을 위해 우리에게 해로운 자외선을 먹어 주는 커튼과 같은 일을 하고 있는 거야.

이 오존층이 파괴되고 있는 것은 염화플루오린화탄소(CFCs)라는 물질 때문이야. 염화플루오린화탄소는 냉장고나 에어컨 등의 냉매(열 교환기에서 열을 빼앗기 위해 사용하는 물질)로 널리 쓰이고 있어. 그와 동시에 오존층을 파괴하는 주범이지. 이 때문에 남극 지방에서는 오존층에 구멍이 생기기도 해.

오존층의 파괴로 햇볕과 함께 쏟아져 내려오는 자외선의 양

오존층 파괴의 주범인 에어컨

이 많아지면서 피부가 빨리 노화하고, 피부암·백내장·결막염 같은 질병을 일으키는 원인이 되고 있어. 또 농작물의 수확량도 감소하고, 식물성 플랑크톤의 감소로 먹이 사슬이 파괴되어 바다에 사는 생물에게도 피해를 주고 있지.

산성비는 인구 증가와 산업화로 화석 연료의 사용이 많아지면서 내리기 시작했어. 자동차나 공장, 발전소 등에서 나오는 매연(황산화물, 질소 산화물 등)이 빗물에 녹아 강한 산성을 띠면서 산성비가 내리게 된 거야.

산성비가 내리면 삼림이 말라 죽거나 강과 호수의 물고기가 죽게 돼. 또 토양이 산성화돼서 농사를 지을 수 없는 땅으로 변하지. 뿐만 아니라 금속과 콘크리트를 사용해서 만든 건축물과 고고학적 유물까지도 부식시켜서, 경제적으로는 물론 문화적으로도 큰 손실을 입히고 있어.

지구 상에는 헤아릴 수 없을 정도로 많은 종류의 생물

지금은 멸종된 새 '도도'

이 살고 있어. 이것을 생물 종류의 다양성이라고 해. 그런데 지금, 지구의 생물 종류와 숫자가 점점 줄어들고 있어. 농경지가 늘어나고 각종 개발로 산림이 줄어들면서 생태계가 파괴되어 동식물이 살던 곳을 잃어 가고 있기 때문이야.

또 함부로 동물을 잡거나 식물을 채집하는 일과 환경 오염도 생물의 종류를 줄어들게 하는 원인이 되고 있지. 특히 전체 생물 종류의 절반 이상이 살고 있는 열대림의 파괴는 생물의 종류가 줄어드는 중요한 원인이 되고 있어.

생물의 종류가 줄어든다는 것은 인간이 이용할 수 있는 자원의 수가 그만큼 줄어든다는 것을 의미해. 뿐만 아니라 먹이 사슬이 끊겨 생태계가 빠르게 파괴되지. 그러므로 생물 종류의 다양성을 보존하는 것은 인류의 삶의 질을 높이는 데 매우 중요한 요소야.

지금까지 지구를 망가뜨리고 있는 여러 문제를 알아보았어. 이런 문제는 어느 개인이나 나라만의 문제가 아닌 온 인류가 함께 대응하고 풀어 나가야 할 생존의 문제란다.

국경 없는 환경 오염 문제

지구 상에는 많은 나라가 있어. 나라와 나라는 서로 국경을 맞대고 있지. 그래서 다른 나라의 국경을 함부로 넘나들 수 없고, 군대가 엄하게 지키고 있어. 하지만 환경 오염 문제에는 국경이 없어. 환경 오염 문제는 날개라도 달려 있는 것처럼 국경을 넘나들며 많은 나라에 피해를 입힌다는 뜻이야. 군대로 아무리 엄하게 지켜도 아무 소용이 없는 일이지.

그런데 환경 오염이 뭐지?

우리나라의 '환경 정책 기본법'은 환경 오염을 '사람의 활동에 따라 발생하는 대기 오염, 수질 오염, 토양 오염, 해양 오염, 방사능 오염, 소음·진동, 악취, 일조 방해 등으로 사람의 건강이나 환경에 피해를 주는 상태'라고 정의하고 있어.

좀 복잡하지? 어쨌든 이 환경 정책 기본법에는 어떠어떠한 것이 환경 오염인지 다 나와 있는 셈이야.

대기 오염은 자동차의 매연이나 공장 굴뚝에서 내뿜는 연기 등으로 우리가 숨 쉬는 공기가 오염되는 것을 말해. 산업의 발달과 도시화 등으로 석유와 석탄 같은 화석 연료의 사용이 많아지면서 대기 오염은 더욱 심각해지고 있어.

수질 오염은 공장 폐수와 생활 하수 등이 강으로 흘러들어가, 강이 스스로 정화 능력을 잃고 물이 썩는 것을 말해. 강물이

대기 오염을 일으키는 자동차의 매연

오염된 강물

오염되면 물고기가 떼죽음을 당하고, 인체에 해로운 중금속 때문에 사람도 각종 질병에 걸리게 돼.

토양 오염은 농약이나 비료, 생활 하수, 산업 폐수, 쓰레기 매립장이나 축사에서 흘러나오는 오염 물질 때문에 땅이 오염되는 것을 말해. 땅은 한 번 오염되면 스스로 정화하는 능력이 떨어져서 회복하는 데 오랜 시간이 걸리지. 그렇기 때문에 특별히 많은 관심을 가져야 돼.

해양 오염은 각종 폐수가 바다로 흘러들거나, 선박에서 기름이 흘러나와 바닷물이 오염되는 것을 말해. 특히 유조선이 좌초되어 많은 기름이 흘러나오면 바닷물이 오염되어 생태계가 파괴되므로 심각한 환경 문제가 일어나지.

또 사람들이 버리는 쓰레기가 바다로 흘러들어 가는 것도 해양 오염의 원인이 돼. 바다로 흘러들어 간 쓰레기는 바다에서 떠다니며 거대한 쓰레기 섬을 만들고 바닷물을 오염시키지. 쓰레기는 사람들이 생활하면서 계속 배출하는 물질이어서 늘 많은 환경 문제를 일으키고 있어.

방사능 오염은 핵 실험이나 원자력 발전소의 사고로 대기와 해양, 토양 등이 방사선 물질로 오염되는 것을 말해. 최근에는 병원과 실험실, 공장 등의 방사능 오염도 무시할 수 없는 문제가 되었어. 땅에 떨어지거나 바다에 퍼진 방사능 물질은 식물과 동물을 오염시켜. 그리고 이렇게 오염된 먹을거리를 사람이 섭취하면 몸속에 방사능이 축적되어 피해를 입지.

환경 정책 기본법에 나오는 소음·진동, 악취, 일조 방해 등은 일상생활에서 흔히 발생하는 환경 문제이므로 여기서는 굳이 설명하지 않을게.

환경 오염 문제의 심각성은 오염이 발생한 지역이나 나라에만 피해를 입히는 것으로 끝나지 않아. 바람을 타고 또는 물의 흐름에 따라 국경을 넘어 여러 나라에 피해를 준다는 데 진짜 문제가 있어.

여러 나라를 흐르는 국제 하천의 경우, 상류에 오염 물질이 흘러들어 강물이 오염된다면? 오염된 물이 흘러내려 간 하류 지역의 국가도 피해를 입게 되지.

황사도 마찬가지야. 건조한 지역에서 황사가 발생한다면? 모래 먼지가 대기의 흐름을 타고 수천 킬로미터 떨어진 곳까지 이동해서 넓은 지역에 피해를 줘. 중국에서 발생한 황사는 우리나라와 일본에 영향을 주는 것은 물론, 태평양 위를 날아 미국 동부 해안의 상공까지 이른다고 해.

한 가지 오염은 다른 오염의 원인이 되기도 해. 대기 오염으로 산성비가 내리면, 산성비는 다시 토양을 오염시키거든.

이처럼 환경 문제는 국경을 넘어 다른 지역까지 피해를 주는 경우가 많아. 그래서 여러 나라가 공동으로 대응하지 않으면 안 되는 지구촌 전체의 사회 문제야.

중국 베이징의 황사

우리 환경 스스로 지키기

환경 문제는 여러 나라가 공동으로 대응해야만 하는 복잡한 문제라고 했지? 그렇다면 개인은 그냥 손을 놓고 있어도 괜찮은 것일까?

아무리 큰일이고 중요한 일이라 할지라도, 출발은 개인의 작은 노력에서 시작해야 하는 경우가 많아. 환경 문제도 마찬가지야.

일상생활에서 우리가 할 수 있는 가장 손쉬운 노력은 에너지 절약으로 화석 연료를 적게 사용하는 일이지. 가까운 거리는 걷거나 자전거로 이동하기, 사용하지 않는 가전제품은 플러그를 뽑기, 전기가 적게 들어가는 가전제품 사용하기 등은 일상생활 속에서 할 수 있는 대표적인 에너지 절약 방법일 거야. 에너지 절약은 환경 지키기의 첫걸음이라고 할 수 있어.

신문지 재활용, 이면지 쓰기, 재생 제품과 친환경 제품 사용, 쓰레기 꼼꼼하게 분류해서 내놓기 등도 개인이 일상생활에서 할 수 있는 일이야. 또 환경 앓이를 하는 지구를 살리는 데에도 보탬이 되는 일이고.

먹을거리 문제에도 진지한 관심을 가질 필요가 있어. 먹을거리는 환경 문제와 직접 끈이 닿아 있는 부분이거든.

슈퍼마켓에서 칠레산 포도나 미국산 캘리포니아 오렌지를 사

미국 캘리포니아의 오렌지 농장

먹은 일이 있을 거야. 이들 식품은 어떻게 우리나라까지 와서 판매되고 있는 것일까?

칠레산 포도는 생산지로부터 약 2만 킬로미터, 미국산 캘리포니아 오렌지는 생산지로부터 약 1만 킬로미터를 이동해서 우리나라까지 와. 생산지에서 우리나라까지 아주 먼 거리를 배로 운송해야 되기 때문에, 그동안 배를 운항하면서 많은 이산화탄소를 배출하게 된단다. 또 과일의 신선도를 유지하고 오래 보관하기 위해 농약과 왁스 같은 화학 물질을 사용하지. 이런 것도 모두 환경을 오염시키는 일이야.

뿐만 아니라 먼 거리를 이동하려면 많은 비용이 들어가게 돼. 그래서 소비자가 상품을 살 때 내야 하는 가격이 올라가고, 생산자에게 돌아가는 몫은 적어지게 되지.

이 같은 문제를 해결하기 위해 '지역에서 생산된 먹을거리를 그 지역에서 소비하자!'는 운동이 벌어지고 있어. 농장에서 식탁까지, 그러니까 생산지에서 소비지까지의 거리를 최대한 줄여서, 먹을거리의 안정성을 확보하고 환경에 주는 부담도 줄이자는 운동이야.

이와 같은 운동을 '로컬푸드 운동'이라고 해. 농산물 직거래, 농민 장터, 지역 급식 운동 등을 대표적인 로컬푸드 운동이라고 할 수 있어. 로컬푸드 운동은 농민의 실질 소득을 높이는 데에도 많은 도움이 될 수 있단다.

먹을거리 이야기가 나왔으니 한 가지 더 짚어 보자꾸나.

유전자 재조합 생물(GMO) 이야기를 하지 않을 수가 없거든. 좀 낯선 말인가? 그럼 '유전자 변형 식품'이라는 말은 들어 봤는지 모르겠네.

모든 생물체는 하나하나의 유전적 특징을 나타내는 유전자 정보, 곧 디엔에이(DNA)를 가지고 있어. 어떤 생물체 속에 들어 있는 이 유전자를 일부러 다른 생물체의 유전자에 넣으면 새로운 성질의 유전자를 가진 생물체가 만들어져. 이렇게 만든 생물을 '유전자 재조합 생물'이라고 해.

그럼 왜 이와 같은 일을 하는 것일까?

그 이유는 성장이 빠르고 수확량이 많은 품종, 병충해에 강한 품종 등을 만들어 내기 위해서야. 예를 들어서 밥맛은 좋은데 병충해에 약한 벼 품종이 있다면, 이 벼의 유전자에 농약 성분을 분해하는 특성이 있거나 병

충해에 잘 견디는 다른 생물의 유전자를 끼워 넣는 거지. 그래서 병충해에 잘 견디고, 수확량이 많은 새로운 유전자의 벼 품종을 만들어 내는 거야. 그리고 이런 벼 품종에서 생산된 쌀을 유전자 변형 식품이라고 해.

　유전자 변형 식품에 대한 의견은 엇갈리고 있어. 하나는 농사 지을 수 있는 땅은 한정되어 있는데 인구는 늘어나고 있으므로, 유전자 재조합 기술로 생산량을 늘릴 수 있는 품종을 개발해야 한다는 주장이야. 다른 하나는 유전자 변형 식품이 사람의 몸에 해로울 수 있다고 염려하는 주장이지.

　유전자 변형 식품이 사람의 몸에 미치는 영향에 대해서는 아직 구체적인 연구 결과가 나오지 않았어. 또 유전자 변형 식품이 몸에 나쁜 영향을 미친다고 해도 몇 년이나 수십 년 안에 나타나는 것이 아니고, 다음 세대나 다음다음 세대 등 훨씬 기나긴 세월이 흐른 후에 나타날 수도 있거든. 그러므로 유전자 변형 식품을 먹는 것은 크게 조심스러운 일이 아닐 수 없지.

　과학 기술이 발달하면서 인간은 자신의 필요에 따라 자연을 이용하고 변형해 왔단다. 이 과정에서 산업화와 도시화도 이루어졌고, 그 결과 여러 환경 문제가 발생하고 있어. 유전자 변형 식품 문제는 그런 인간에게 던져 준 또 하나의 숙제라고 할 수 있어.

· 4 ·
어떤 미래를
가지고 싶지?

인류는 오랜 시간 동안 아주 많은 변화를 거쳐 왔어. 나무 열매를 따 먹던 수렵·채집 사회에서 농사를 짓는 농업 사회로, 산업 혁명을 겪은 뒤에는 산업 사회로 바뀌었지. 그리고 오늘날의 사회는 세계화 사회이자 정보화 사회야. 지금 우리 사회는 어떤 모습일까? 어떤 장단점이 있고, 어떤 숙제가 있을까? 그리고 우리의 미래는 어떤 모습일까?

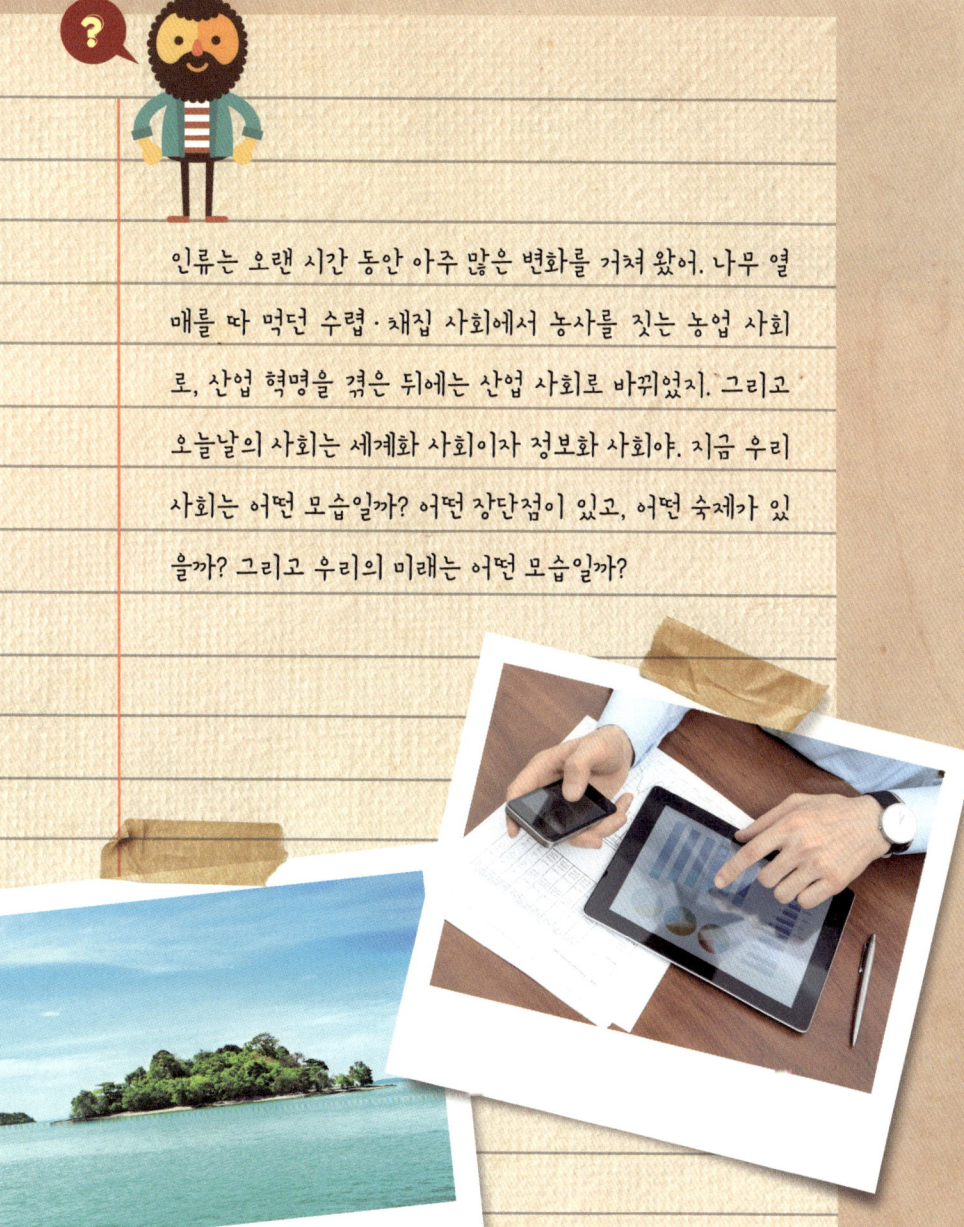

사회는 계속 변해 왔어

인류는 처음에는 나무 열매를 따 먹고 짐승을 잡아먹으며 살았지. 이 무렵을 수렵·채집 시대라고 해. 수렵·채집 사회는 아주 오랫동안 계속됐어. 그 후 농사를 지을 줄 알게 되면서 농업 사회를 맞게 되었지.

농업 사회는 1만 년 정도 이어졌어. 그러다가 18세기에 큰 변화가 일어났어. 바로 산업 혁명이었지. 산업 혁명은 농업 사회를 산업 사회로 바꾸어 놓았어. 농업 중심의 사회가 제조업 중심의 산업 사회로 바뀐 거야. 이것을 '산업화'라고 해.

산업화로 인류의 생산 능력은 크게 늘어나고 생활 수준도 향상되었어. 또 인구도 빠르게 증가했지. 산업화는 인류에게 경제 발전과 물질적인 풍요를 가져다준 거야. 그러나 빈부 격차(잘사는 사람과 못사는 사람의 차이)가 커지고, 환경이 오염되는 등 새로운 문제를 인류에게 안겨 주었어.

수렵·채집 시대의 사냥

또 산업화와 함께 도시의 인구도 크게 늘어났어. 많은 사람이 새로운 일자리를 찾아서 농촌을 떠나 도시로 몰려들었기 때문이야. 이처럼 많은 사람이 도시로 모여들어서, 전체 인구 가운데 도시에 사는 인구 비율이 늘어나는 것을 '도시화'라고 해.

산업화가 진행되면서 불어닥친 또 하나의 큰 바람은 세계화야. 예전에는 국가를 중심으로 더불어 사는 사회였는데, 세계화가 진행되면서 국가의 울타리를 벗어나 전 세계가 하나의 울타리 속에서 살게 된 거야. 세계 어느 곳을 가도 한국 상품과 한국 사람을 만날 수 있고, 우리나라에서도 많은 외국 상품이 팔리고 있지. 또 거리에서 쉽게 외국인을 볼 수 있고. 이런 것이 바로 세계화된 사회의 한 모습이란다.

고도의 도시화가 이루어진 도시, 서울

　세계화는 정치, 경제, 문화 등 사회의 모든 분야에서 큰 변화를 가져오고 있어.

　정치적으로는 인간의 존엄성과 자유, 평등과 같은 민주주의 이념을 세계 곳곳으로 전파하는 데 크게 기여했어. 하지만 부정적인 측면도 없지 않아. 세계화라는 이름으로 강대국이 약한 나라의 주권을 침해하는 경우도 많이 있었으니까.

　경제적으로는 세계의 다양한 상품을 쉽게 만날 수 있게 되면서, 소비자는 상품을 구입하는 데 더 많은 선택의 기회를 가지게 되었지. 또 생산자도 더 넓은 시장에서 자신의 상품을 판매할 수 있게 되었어.

세계 각국의 상품이 모여 있는 항구

 그러나 막대한 자본과 우수한 기술력을 바탕으로 생산된 선진국 제품이 개발 도상국 시장으로 쏟아져 들어가, 선진국과 개발 도상국 사이의 경제적 격차가 더욱 커지는 부정적인 결과를 가져오기도 했어.

 문화적으로는 세계화로 활발한 문화 교류가 이루어져 다양한 문화적 혜택을 누릴 수 있게 되었지. 하지만 거대한 문화 기업에 의해 세계의 문화가 획일화되고 있다는 비판도 없지 않아.

 세계화는 이처럼 장밋빛 미래를 약속하는 긍정적인 면만 있는 것이 아니고, 빛과 그림자를 함께하면서 더욱 확산되어 가고 있단다.

정보화의 두 얼굴

세계화와 더불어 현대 사회에 또 하나 커다란 변화의 바람을 일으키고 있는 주인공은 바로 '정보화'야. 정보 통신 기술의 발달로 인터넷이나 휴대 전화 등을 이용해서 전 세계의 수많은 사람과 자유로이 의견을 나눌 수 있게 되었고, 거리의 제한 없이 정보를 주고받을 수 있게 되었지. 이러한 변화를 정보화라고 해.

과거의 산업 사회에서와 달리 정보화 사회에서는 정보와 지식이 가장 중요한 자원이 되고, 정보 산업이 경제의 중심으로 발돋움하게 되었어. 그리고 사회도 정보와 지식을 다루는 사람

이 중심 되는 사회로 변했어.

　예전에는 돈을 벌기 위해 공장을 지어 물건을 많이 만들어 팔거나, 일을 하고 월급을 받아 생활하는 것이 대부분의 사람이 살아가는 방식이었어. 그러나 오늘날의 정보화 사회에서는 지식과 정보를 이용해서 돈을 벌고 있지. 결국 지식과 정보가 많고, 이를 잘 활용할 수 있는 사람을 중요하게 여기는 사회가 되었다는 이야기야. 자원이 풍부하다든지 상공업의 발달을 중요하게 여겼던 과거에는 상상도 못 했던 일이란다.

하지만 정보화도 세계화와 마찬가지로 빛과 그림자, 두 개의 얼굴을 함께 가지고 있어.

먼저 우리의 생활은 정보화로 여러 면에서 편리해졌어. 생산과 소비의 경계가 무너짐으로써 소비자는 생산 과정에 직접 참여하게 되었지. 이에 따라 소비자의 취향과 요구에 따른 생산이 이루어지고 있어. 그리고 다양한 문화를 발전시키는 데에도 정보화가 크게 이바지할 것이라고 기대하고 있어.

정치적으로는 전자 민주주의를 가능하게 만든다는 거야. 이로써 지금의 정치 형태인 간접 민주정치의 단점을 보완하고, 국민의 의사가 더 폭넓게 반영되는 직접 민주정치에 가까운 정치가 이루어질 것이라는 기대가 생겼지.

또 정보화로 많은 사람 사이에 의견 교환과 토론이 이루어지고 정보를 공유하게 됨으로써, 수직 관계의 권위적인 사회가 수평적인 사회로 바뀔 것이라는 예측도 있어. 지금의 사회 구조는 대부분 윗사람과 아랫사람의 구분이 분명하지. 윗사람이 아랫사람에게 지시하고 명령하는 수직 사회잖니? 이런 사회가 보다 평등하고 동등한 위치에서 일하는 수평 사회로 바뀌리라 기대하는 거야.

그러나 정보화 사회에 낙관적인 기대만 있는 것은 아냐. 개인

정보가 유출되고, 감시와 통제가 강화될 것이라는 비관적인 예측도 있어. 이런 조짐은 이미 부분적으로 나타나고 있는 것도 현실이지.

정보화로 인간의 고립화가 심해지면서 혼란과 갈등이 심해질 것이라는 주장도 있어. 인터넷과 스마트폰 등으로 많은 일을 혼자 처리할 수 있게 되면서, 예전만큼 활발한 인간관계가 이루어지지 못하고 있는 것은 사실이니까.

이와 같은 단절과 소통의 부족은 인류 사회에 부정적인 영향을 미칠 것이 분명해. 이미 우리 주변에서도 인터넷이나 스마트

폰이 없으면 불안해서 못 견디는 사람을 볼 수 있잖니? 여기에서 다시 한 번 되새기지 않을 수 없는 것이 '인간은 사회적 동물'이라는 아리스토텔레스의 말이지.

정보의 격차가 커지는 것도 정보화 사회가 떠안고 있는 또 하나의 문제점이야. 산업화가 빈부의 격차를 가져와 사회 문제가 되고 있는 것처럼, 정보화에 따라 정보의 격차가 커지는 것도 큰 사회 문제가 될 것이 분명해.

정보화 사회를 긍정적으로 보든 부정적으로 보든, 우리는 이미 정보화 사회에 깊숙이 발을 내디디고 있어. 그리고 어느 쪽으로 미래를 가꾸어 나갈지는 인류 사회가, 나 자신이 선택해 나가야 할 문제란다. 왜냐하면 내가 바로 사회의 주인이니까.

또 정보화 사회 이후의 인류 사회는 어떤 모습으로 변해 갈지 생각해 보는 것도 흥미로울 거야. 사회는 늘 변해 왔으니까 말이지.

한국 사회의 변화

이번에는 우리가 살고 있는 한국 사회는 어떻게 변해 왔는지 알아보도록 할까?

우리나라가 수렵·채집 사회와 농업 사회를 거쳐 온 과정은 지구촌의 다른 지역과 크게 다를 바 없었단다. 하지만 산업화는 서양의 여러 나라보다 많이 뒤처졌어. 우리나라는 1960년대에 정부 주도로 빠르게 산업화가 이루어지면서 산업 사회로 들어섰지. 또 비슷한 시기에 도시화도 빠르게 진행되었어.

산업화와 도시화로 국민의 생활 수준과 삶의 질은 많이 향상되었어. 그렇지만 빈부 격차가 커지면서 여러 문제가 일어나고

**빠른 산업화를 이룬
오늘날의 대한민국**

환경 문제도 불거진 것은 산업화를 먼저 이룬 다른 나라와 그리 다를 바 없어.

또 산업화 이후 세계화와 정보화의 물결을 타게 된 것도 지구촌의 다른 지역과 별다를 바 없지. 특히 정보화 분야에서는 전 세계적으로 보기 드물 만큼 빠르게 성장했고, 정보 관련 산업도 크게 발전하고 있어. 그래서 '정보 통신 기술 강국'이라는 말을 듣고 있잖니? 비록 산업화는 늦게 시작했지만 정보 통신 기술 분야에서는 한발 앞서 가고 있는 것이지.

그러나 빠른 변화와 발전에 걸맞은 제도와 가치관이 정립되지 않아 여러 문제를 낳고 있어. 앞에서 이야기한 정보화에 따른 부정적인 문제점이 고스란히 우리나라의 문젯거리가 되고 있는 거야.

한국 사회의 변화를 이야기할 때 또 하나 빼놓을 수 없는 것이 있어. 나라가 남북으로 갈라져 있는 문제야. 이것은 다른 나라에는 없는 우리나라만의 문제란다.

우리나라가 남북으로 갈라졌던 때는 1945년, 일본의 지배에서 벗어나 해방이 되면서였지. 그때 북위 삼십팔도선을 경계로 북쪽에는 소련군이, 남쪽에는 미군이 들어와 일본군의 무장을 해제했어. 그리고 미국과 소련이 군정(군대가 점령지에서 임시로 나라를 다스리는 일)을 실시하면서 우리나라는 두 동강이 났어.

그 후 1950년에는 남북이 서로 총부리를 겨누고 동족끼리 죽고 죽이는 전쟁을 했어. 전쟁은 3년이나 이어졌고, 그 때문에 국토는 파괴되고 수많은 사람이 목숨을 잃었지. 또 남과 북의 적대 관계와 갈등의 골도 더욱 깊어졌어.

6·25 전쟁 당시의 모습

세월이 흐르면서 갈등과 적대 관계를 극복하고 통일의 길로 나가려는 노력이 조금씩 이어졌어. 1972년 7월 4일에는 남과 북이 '자주·평화·민족 대단결'에 합의한 남북 공동 성명이 발표되었어. 〈7·4 남북 공동 성명〉은 분단 이후 처음으로 남과 북이 통일에 관한 원칙에 합의한 문서였지.

2000년 6월에는 김대중 전 대통령이 평양을 방문해서 남북 지도자가 합의한 〈6·15 남북 공동 선언〉을 발표했어. 이 공동 선언 이후 남한은 북한에 개성 공단을 설치하고, 끊겼던 경의선 철도도 복구했어. 개성 공단은 남과 북이 서로의 믿음을 회복하고 함께 발전을 이룩하려는 노력의 본보기라고 할 수 있어.

그 밖에 6·25 전쟁으로 헤어졌던 가족이 다시 만나는 이산가족 상봉이라든가, 스포츠와 문화의 교류 등도 통일의 길로 나가기 위한 노력이라도 할 수 있어. 하지만 부분적인 무력 충돌이 일어나는 등 남과 북은 여전이 갈등과 긴장 관계에서 벗어나지 못하고 있단다.

어쩌면 '지금처럼 따로따로 사는 것도 괜찮은데, 왜 군이 통일을 해야 하지?'라고 생각하는 사람도 없지는 않을 거야. 또 통일 과정에서 일어날 수 있는 정치적·사회적 혼란과 경제적 부담을 걱정하는 사람도 있고.

그러나 지금도 남과 북이 갈라져서 고통받고 있는 사람이 무

남과 북을 가로막고 있는 철조망

척이나 많고, 이것을 해결할 수 있는 가장 좋은 방법은 통일이야. 그리고 무엇보다 통일은 전쟁의 위험을 줄이고, 평화를 가져올 수 있단다.

또 통일이 되면 남북이 맞서고 있기 때문에 들어가는 많은 국방비를 줄일 수 있고, 남과 북의 자원을 폭넓게 활용해서 지금보다 높은 수준의 경제 발전을 이룩할 수 있어. 뿐만 아니라 남과 북의 문화가 어우러진 새로운 민족 문화를 창조할 수 있고, 국제 사회에서도 한국의 위상은 한결 높아질 거야.

우리가 남과 북으로 갈라진 것은 미국과 소련의 대립에서 비롯된 국제적 환경의 영향과, 통일된 독립 국가를 이루려는 우리 민족 내부의 힘과 노력이 부족했기 때문이야. 그러므로 통일을 위해서는 남북한이 함께 노력해야 함은 물론, 주변 국가의 지지와 협력이 있어야 돼. 대화와 교류를 통해 민족 내부의 힘을 모으고, 통일에 유리한 국제적 환경을 만들어 나가는 것이 중요하지. 이러한 노력이 계속될 때 우리는 통일의 길로 한걸음 더 가까이 다가갈 수 있을 거야.

통일 문제와 맞물려 또 하나 짚고 넘어가야 할 것이 있어. 다름 아닌 다문화 시대가 열리고 있다는 사실이야. 국제결혼이 늘

어나고, 많은 외국 노동자가 들어와서 일을 하고, 북한을 벗어나 남한으로 들어온 북한 주민도 많아지고 있어. 이 모든 것은 한국 사회가 '다문화 사회'로 변화하고 있다는 증거야.

다문화 사회가 뭐냐고?

다문화 사회란 인종, 종족, 문화가 서로 다른 사람들이 모여 더불어 살아가는 사회를 말해. 다시 말하면 그 사회의 토박이인 주류 집단의 문화와 이주해서 들어온 사람들인 소수 집단의 문화가 경계를 허물고 어우러져, 서로의 문화를 가치 있게 여기고 존중하는 사회가 다문화 사회야.

우리 사회가 참된 의미의 다문화 사회로 발전하려면, 다른 문화가 들어옴으로써 우리 사회가 더 풍부해지고 더 많은 선택의 기회가 열린다는 생각을 가지는 것이 중요해. 한 사회 안에서 여러 종류의 문화가 어우러진다는 것은 곧 다양하고 풍부한 문화 요소 덕분에 문화 발전의 가능성이 그만큼 높아진다는 뜻이 되니까. 또 다문화 사회에서는 다양한 언어 사용자가 늘어나, 우리 사회의 경쟁력을 높이는 데에도 도움이 될 수 있어.

분단을 극복하고 남과 북이 하나 되는 것 그리고 참된 의미의 다문화 사회를 열어 가는 일은 한국 사회가 안고 있는 중요한 과제이자 새로운 미래를 위한 도전이라고 할 수 있어.

인류가 함께 사는 길

서태평양 가운데에는 '나우루'라는 작은 섬나라가 있어. 나우루는 새똥이 쌓여 만들어 낸 인광석으로 유명해. 인광석은 비료를 만드는 데 좋은 원료가 된다고 해.

나우루는 인광석만 팔아도 일을 하지 않고 풍요롭게 살 수 있었어. 그런데 30년 정도 인광석을 파내서 팔다 보니, 드디어 인광석이 바닥나기 시작했지.

인광석을 파내 외국에 파는 것 외에는 별다른 생계 수단이 없던 나우루 사람들은 살길이 막막해졌어. 뿐만 아니라 인광석을 너무 많이 파내는 바람에 섬이 바닷속으로 가라앉을 위기에 놓

여 있다고 해.

나우루의 경우는 인류의 미래 문제에 많은 교훈을 던져 주고 있어. 인류는 산업 혁명 이후 빠른 경제 성장을 이루며 물질적으로 풍요로운 생활을 하게 되었지. 하지만 석탄과 석유 같은 화석 연료의 사용이 늘어나면서 자원이 고갈되고, 또 다른 문제까지 맞닥뜨리게 되었어. 환경 파괴라는 문제야.

이러한 문제의 해결을 위해서는 전 지구적인 노력이 필요해. 그리고 노력의 핵심은 '지속 가능한 발전'을 해야 한다는 거야.

지속 가능한 발전이 뭐냐고?

지속 가능한 발전이란 현재를 살아가고 있는 사람들이 미래

인광석

의 지구촌에서 살아갈 사람들에게 필요한 자원을 고갈시키거나, 그들의 삶을 어렵게 하는 환경을 만들지 않고 오늘을 살아가야 한다는 것은 말해.

산업 혁명 이후 물질적인 풍요를 누리게 된 사람들은 지나치게 많이 소비하고, 지나치게 큰 집에서 살면서, 필요 이상으로 큰 자동차를 사용하는 경우가 많아졌어. 이것은 지속 가능한 발전을 위한 삶의 태도라고 할 수 없지. 이러한 삶의 태도가 자원을 고갈시키고 환경 문제를 낳고 있으니까.

그 좋은 예가 나우루 섬이야. 나우루 섬 사람들은 미래에 그 섬에서 살 사람들을 생각하지 않고 인광석을 마구 파내, 당장의 풍요로운 삶만 즐겼기 때문에 위기를 맞게 된 거였지.

지속 가능한 발전은 모든 인류가 함께 사는 길이야. 현재의 성장 정도나 삶의 만족도가 기대에 못 미치더라도, 미래의 인류가 지구촌에서 계속 살아갈 수 있도록 노력을 기울여야 해. 그리고 이를 위해서는 자원을 아끼고 환경을 보전하는 일에 관심을 가지고 실천에 옮겨야 하지. 아울러 인구 증가와 경제 성장도 지구가 수용할 수 있는 범위 안에서 이루어져야 한단다.

그러나 지구촌의 모든 나라가 이러한 노력을 함께하기 힘든 것이 현실이야. 경제적으로 부유한 나라는 지속 가능한 발전을 위해 노력할 수 있는 여유가 있지만, 가난한 나라의 형편은 그렇지 못하니까.

가난한 나라는 빨리 경제 성장을 이룩해 잘사는 나라가 되는 것이 중요해. 그러므로 환경 보전을 위해 경제 성장을 미룰 수 없는 처지이고, 앞으로 닥칠 인류의 위기를 걱정할 겨를이 없어.

또 일부 선진국은 환경을 오염시키는 사업을 저개발 국가로 이전해서 자기 나라의 환경 문제를 해결하려는 경우도 있어. 이러한 태도는 지구가 운명 공동체라는 것을 잊어버린 어리석은 짓이야. 저개발 국가의 환경 파괴에서 비롯되는 재앙은 결국 부메랑이 되어 자기 나기 나라로 되돌아오게 되니까. 환경 문제에는 국경이 없다고 말했잖니?

지속 가능한 발전으로 지구를 위기에서 구하려면 지구촌에 살고 있는 모든 인류의 노력이 필요해. 그러므로 선진국은 가난한 나라의 경제 성장을 위해 지구 환경을 희생시키지 않도록 적극적으로 협조해야 하지.

우리가 가지고 싶은 미래는 결국 우리 스스로 만들어 나가는 거란다.

노벨 물리학상 수상자이며 사회학자이기도 한 데니스 가보르는 '미래는 선택 가능한 미래와 조작 가능한 미래가 있다.'고 말했어. 즐거운 미래, 어두운 미래, 행복한 미래, 골치 아픈 미래 등 가지각색의 미래 가운데 자기가 가지고 싶은 미래를 선택하고 성취해 나가는 것이 우리의 삶이라는 거야.

데니스 가보르의 말은 우리가 만들어 가야 할 인류의 미래를 생각하면서 잘 되새겨 볼 필요가 있다고 생각해. 세계화도 정보화도 모두 긍정과 부정, 두 개의 얼굴을 가지고 있다고 앞에서 이야기했잖아? 그러므로 미래의 전망이 긍정적이든 부정적이든 그것이 선택 가능하고 조작 가능하다는 믿음이 있을 때, 인류는 미래를 향해 더 자신 있게 도전하고 어려움을 극복해 나갈 수 있을 거야. 어두운 미래가 아닌 행복한 미래, 즐거운 미래를 만들어 나가기 위해서 말이야.